Projeto de pedagogia evangélica

Coleção PEDAGOGIA DA FÉ

- *A missão do catequista* – Sérgio Silva
- *O futuro da catequese* – Denis Villepelet
- *Projeto de pedagogia evangélica* – Ubaldo Terrinoni

Ubaldo Terrinoni

Projeto de pedagogia evangélica

Dados Internacionais de Catalogação na Publicação (CIP)
(Câmara Brasileira do Livro, SP, Brasil)

Terrinoni, Ubaldo
   Projeto de pedagogia evangélica / Ubaldo Terrinoni ; [tradução Antonio
Efro Feltrin]. — São Paulo : Paulinas, 2007. — (Coleção pedagogia da fé)

   Título original : Progetto di pedagogia evangelica
   ISBN 978-85-356-2014-6
   ISBN 88-263-1541-8 (ed. original)

   1. Jesus Cristo — Ensinamentos   2. Palavra de Deus   I. Título.
II. Série.

07-3755   CDD-232.954

Índice para catálogo sistemático:
1. Pedagogia evangélica : Ensinamentos de Jesus : Cristologia 232.954

Título original: *Progetto di pedagogia evangelica*
© Edizioni Borla, Via delle Fornaci, 50, Roma, 2004

Direção-geral: *Flávia Reginatto*
Editores responsáveis: *Vera Ivanise Bombonatto e*
Antonio Francisco Lelo
Tradução: *Antonio Efro Feltrin*
Copidesque: *Cirano Dias Pelin*
Coordenação de revisão: *Marina Mendonça*
Revisão: *Leonilda Menossi e Mônica Elaine G. S. da Costa*
Direção de arte: *Irma Cipriani*
Gerente de produção: *Felício Calegaro Neto*
Editoração Eletrônica: *Fama Editora*
Capa: *Wilson Teodoro Garcia*

*Nenhuma parte desta obra poderá ser reproduzida ou transmitida
por qualquer forma e/ou quaisquer meios (eletrônico ou mecânico,
incluindo fotocópia e gravação) ou arquivada em qualquer sistema ou
banco de dados sem permissão escrita da Editora. Direitos reservados.*

Paulinas
Rua Pedro de Toledo, 164
04039-000 – São Paulo – SP (Brasil)
Tel.: (11) 2125-3549 – Fax: (11) 2125-3548
http://www.paulinas.org.br – editora@paulinas.com.br
Telemarketing e SAC: 0800-7010081
© Pia Sociedade Filhas de São Paulo – São Paulo, 2007

*Às Irmãs de Santa Marta,
depositárias do imenso
capital de bem
deixado pelo beato Tomás Reggio
para o seu multiforme serviço
de educação expresso no tempo,
com generosidade heróica e competência.*

Sumário

PREFÁCIO 11

INTRODUÇÃO 13

PARTE I
O MESTRE JESUS

1. Cristo é "a Palavra" 17
   As nossas palavras..17
   Cristo é a "Palavra"..19
   A "palavra" da cruz...20

2. Jesus no duplo papel de "arauto" e de "mestre"........23
   O primeiro modelo assumido por Jesus..............................23
   O "mestre" é o segundo modelo.....................................24
   E agora, uma pergunta...25

3. Características do mestre hebreu...............................27
   Os "sonhos" de um rabi...27
   O rabi e a lei...28
   A lei, Moisés e Jesus..29

4. "A Palavra" e as palavras......................................31
   Crise da palavra no ser humano de hoje............................31
   As potencialidades infinitas da Palavra...........................32
   A Palavra exige uma resposta livre................................34

5. O estilo do rabi Jesus no seu ensinamento................37
   "Um ensinamento novo, e com autoridade" (Mc 1,27)..........37
   A pedagogia do empenho..39

Jesus nunca responde às perguntas
feitas por curiosidade 41
6. O discípulo na escola de Jesus 43
   O discípulo em comunhão de vida com Jesus 43
   As constantes do seguimento 44
7. O Mestre de Nazaré em diálogo 49
   Diálogo: dom da verdade livre e recíproco 49
   O estilo do Mestre 50
   Com o diálogo, ir até a raiz dos problemas 53
8. Na escola do rabi Jesus: exames e promoções? 57
   O discípulo de Jesus permanece sempre discípulo 57
   Encontros difíceis para o Mestre 58
   Momentos difíceis para o discípulo 59
9. A finalidade narrativa das parábolas 63
   Jesus, inventor da parábola? 63
   Alguns traços pedagógicos do ensinamento em parábolas ...66
10. As palavras exigentes do Mestre 69
    Por que Jesus não escreveu? 69
    Cristo nos fala na sua língua 71
11. As palavras provocadoras do Mestre 75
    "A Palavra de Deus é como uma espada" 75
    O radicalismo evangélico 77
12. Pedagogia das imagens evangélicas 81
    A imagem "fala" ao ser humano todo 81
    A verdade em imagens 83
13. O ser humano objeto do amor e das atenções
    do Mestre 87
    O amor é a alma do seu dinamismo formativo 87
    Amor de Jesus às crianças 90
14. Uma pedagogia autêntica em ação: o encontro com
    a samaritana (Jo 4,1-26) 93
    A forma dramática do diálogo 93
    Os três temas do diálogo 94
15. Jesus: Mestre de oração 103
    Oração em crise? 103
    Jesus em diálogo íntimo com o Pai 105
    Orar no "Getsêmani" da vida 106
16. Jesus, sábio "revolucionário" 109
    Jesus procura o povo, não a popularidade 109
    Jesus revolucionário? 110
    "O sábado é para o ser humano" 112

PARTE II

O HOMEM JESUS

1. O rosto de Jesus 117
   "Por que nenhum rosto é igual ao outro?" 117
   À procura do rosto de Jesus 119
   "Ver o rosto de Deus" 120

2. O olhar de Jesus 123
   "Não se vê bem senão com o coração" 123
   Aqueles olhos...! 125

3. Jesus Cristo: homem de caráter 129
   A sua "carteira de identidade" 129
   Jesus: homem decidido e firme 130
   As suas opções precisas 132

4. O Cristo: colérico e violento? 135
   Cristo homem tem sangue quente nas veias 135
   Desencontros diretos com os escribas e fariseus 137
   A mesquinhez responde com o ódio 138

5. Respeito profundo de Jesus pelo ser humano 141
   "Face a face", cordialmente, com Jesus 141
   E quando as decisões são urgentes...? 142
   Jesus, modesto e respeitoso com todos 144

6. Respeito profundo de Jesus pela liberdade do ser
   humano 145
   "Se queres..." 145
   O ser humano é, realmente, criatura livre 147
   Jesus, dedicado à causa do ser humano 148

7. Por que Cristo confia no ser humano? 151
   A confiança não é somente compreensão... 151
   Jesus traduz em confiança o amor pelo ser humano 152

8. "Vós sois meus amigos" (Jo 15,14) 157
   "Quem encontrou um amigo..." 157
   O princípio da partilha na amizade 159
   Todo amigo verdadeiro é sempre único 160

9. Cristo não amou a dor 163
   O sofrimento em si não é um valor 163
   Cristo face a face com a dor 165
   A dor... mistério de amor? 167

10. O humorismo de Jesus 169
    Um humorista incomparável 169
    O humorismo é surpresa, é gentileza do coração, é... 171

11. As simpatias humanas de Jesus 175
    A simpatia é... 175
    Jesus teve as suas simpatias humanas? 176
    A gratuidade na simpatia 178
12. Cristo e o silêncio 181
    Palavra e silêncio 181
    A lição do silêncio 182
13. Cristo e a sexualidade 187
    Amor e sexo 187
    A mulher no judaísmo antigo 188
    Respeito e discrição de Jesus por algumas "fraquezas" 190
14. Nicodemos encontra Jesus (Jo 3,1-21) 193
    Nicodemos e Jesus: dois rabis no mesmo nível 193
    A exigência do "renascer" 195
    Abrir-se ou fechar-se ao Espírito? 196
15. O cego de nascença: quem vê e quem acredita
    que vê (Jo 9,1-41) 199
    Um trecho fascinante 199
    O cego se abre à luz 200
    Os fariseus que presumem ver 202
16. Zaqueu em cima de um sicômoro para ver Jesus
    (Lc 19,1-10) 205
    Um ótimo posto de observação! 205
    Um encontro que muda a vida 206
17. O centurião pagão, modelo de autoridade
    (Lc 7,1-10) 209
    Identidade do protagonista 209
    Autoridade e obediência ao centurião 211
18. Duas mulheres: uma lição de amor
    (Mt 27,61; 28,1-10) 215
    "Estavam ali sentadas, diante do sepulcro"
    (Mt 27,61) 215
    As primeiras testemunhas da ressurreição
    (Mt 28,1-10) 217
19. Cristo e Satanás 219
    O diabo existe realmente? 219
    Cristo vitorioso sobre Satanás 221
    Estratégias de Satanás e nossas defesas 222
20. Este Jesus 225
    O "rosto humano" de Cristo 225
    "Eis o homem!" 226
    É mais que "homem" 229

Prefácio

O presente livro é uma edição revista e ampliada. Jesus, que é o seu assunto exclusivo, oferece sempre verdades surpreendentes a todo leitor atento do Evangelho. Em cada página das quatro obras-primas inspiradas, ele se oferece na sua maravilhosa e impetuosa humanidade, que depois se torna um "caminho" seguro de acesso à divindade.

O encontro pessoal com Jesus muda, habitualmente, a qualidade da vida; nada permanece como antes depois de um verdadeiro encontro com ele. O Mestre de Nazaré exerce um inegável fascínio sobre todos, jovens e menos jovens, porque somente ele, na profundeza do seu mistério, tem a capacidade de tornar-se um projeto de vida válido para o ser humano.

Daí, o irresistível desejo, misto de curiosidade, de encontrar Jesus, de conhecê-lo para realizar um sereno e sério confronto com ele, iniciando uma experiência envolvente. Ele, por sua vez, deseja ardentemente encontrar o ser humano para doar-se a ele num contexto de amizade e de confiança.

Neste livro, são oferecidas temáticas evangélicas que têm a intenção de facilitar o encontro com Jesus. É certo, porém, que todo encontro profundo com ele comporta, inevitavelmente, também um encontro com a própria vida; é um encontro que deixa um sinal que decide sobre toda a existência. A ninguém está fechado o encontro e a experiência com Jesus. Ele, por sua vez, não coloca limites nas suas amizades; não se magoa nem se envergonha com as nossas misérias. Antes, o passado e o presente de cada um são por ele acolhidos com respeito e discrição; não se espanta nunca com aquilo que é genuinamente humano. Somente ele é, na verdade, plenamente livre, atento a todo encontro para doar-se, progressivamente, a cada amigo, com todo o fascínio do seu mistério.

O AUTOR

Introdução

Quem é Jesus para você? É uma pergunta antiga de dois mil anos! Quem a fez por primeiro foi o próprio Jesus aos Doze, em Cesaréia de Filipe, uma cidadezinha no extremo norte da Palestina. Antes, perguntou qual era a opinião do povo sobre ele ("Quem é que as pessoas dizem ser o Filho do homem?"). Mas parece que essa pergunta, Jesus a formulou somente para destacar a outra: "E vós, quem dizeis que eu sou?" (Mt 16,13-15). Pode parecer, à primeira vista, uma pergunta obsoleta e abusada. No entanto, para cada geração, está, certamente, entre as mais vitais e importantes. A pessoa do Cristo desperta, sempre, enorme interesse em todos. O seu fascínio deixa um traço profundo em todo coração.

O Cristo vivo, negado ou confessado, acolhido ou rejeitado, se coloca no centro de toda existência, e chama, interpela, inquieta e espera uma resposta. E é difícil, se não impossível, frustrar ou adiar a resposta. Cruza a estrada dele com a sua; você não sabe de onde vem nem para onde vai; pára diante de você, olhos nos olhos, e faz propostas comprometedoras e que entusiasmam. Cedo ou tarde, todos o encontram. E o encontro com ele não deixa, nunca, ninguém indiferente. Até no último dia da nossa história haverá questionamento no mundo.

Por que tanto interesse em torno dele? No entanto, ele não deixou um sistema filosófico articulado para apaixonar pesquisadores de verdades e sofistas. Não foi sequer o propugnador de uma idéia fascinante.

Quem é, portanto, Jesus?

É uma pessoa que, única na história, pode entrar na parte mais íntima e sagrada de cada um de nós e mudá-la. Ele cura as feridas da alma e torna novos os corações alquebrados pelo mal e pela traição. Mas como poderia fazê-lo se fosse somente um homem como nós?

Ele pode fazê-lo, e realmente o faz, porque ainda hoje é uma Pessoa viva. Sim, ele vive. É o vivente. É o Senhor Ressuscitado. É a fonte da vida. Está dada a resposta à pergunta inicial. No exato momento em que, do fundo da alma de alguém, brota a resposta clara, qualifica-se a história pessoal, e a vida assume uma orientação decidida.

As reflexões contidas nestas páginas nasceram para os leitores de uma publicação mensal missionária, e dessa origem têm, inconfundivelmente, os limites e... as virtudes, embora apareça claro certo desenvolvimento unitário do tema. São reflexões que, na linha dos textos evangélicos, visam descobrir e interpretar a dimensão humana do Cristo, os seus sentimentos e os estados de alma, na tentativa de sugerir ao leitor prosseguir "o caminho de busca" para encontrar o Vivente, o Mestre que só tem "palavras de vida eterna".

O AUTOR

Parte I

O mestre Jesus

1.

Cristo é "a Palavra"

As nossas palavras

A palavra é um pensamento que se veste de sons harmoniosos para ser comunicado; é a idéia que desce do mundo do espírito para o da matéria (G. Albanese); é a epifania do próprio mundo interior povoado de emoções, sentimentos, ideais, sonhos, medos, dores, esperanças...; é a expressão da própria riqueza interior; é aquele milagre de sons articulados que brotam do silêncio mais profundo como alguma coisa nova, intacta, e se oferecem com um tom certo e com um timbre de voz totalmente pessoal. Martin Luther King afirmava que "as palavras são tudo o que temos". E não são pouca coisa. As palavras são como um saquinho de sementes para serem confiadas ao coração de alguém, como húmus fértil, para que terminem em mensagens de vida.

A palavra, porém (como a semente confiada à terra) precisa amadurecer e ser forjada no silêncio. Advertia Sertillanges que

> a palavra, de fato, tem peso quando se sente nela o silêncio, quando esconde e deixa adivinhar um tesouro que revela, aos poucos, sem pressa e sem agitação. O silêncio é o conteúdo

das palavras que valem; uma alma vale pela riqueza dos seus silêncios.

Sim, a palavra nasce no silêncio, é aqui que se faz nossa, se faz carne da nossa carne para ser mensagem de vida e de esperança para quantos a escutam. Por isso, convém calar muito quando se tem alguma coisa para dizer. Antes de ser seres humanos da palavra, é preciso ser seres humanos do silêncio. A antiga tradição franciscana relata que frei Egídio, um dos primeiros companheiros de são Francisco de Assis, era, habitualmente, considerado uma fonte rica de sabedoria cotidiana. Ele dizia que o ser humano deveria ter um pescoço como o guindaste, de tal modo que toda a sua palavra, antes de sair da boca, fosse obrigada a passar por muitos nós. E os nós pelos quais a palavra deveria passar se chamam *reflexão, atenção, prudência, oportunidade* e *ponderação*.

A propósito, apresenta-se em todo o seu frescor e sua profunda sabedoria a advertência que um místico oriental dirige a um seu discípulo:

> Estou convencido de que tu deverias falar somente depois que as tuas palavras passassem por três portas. Diante da primeira, pergunta-te: "O que eu quero dizer é, também, *verdadeiro?*". Se for verdadeiro, podes encaminhar-te à segunda porta. Lá, pergunta-te: "As minhas palavras são, também, *necessárias?*". Se forem necessárias, vai ainda para a terceira porta. Lá, pergunta-te: "As minhas palavras são, também, amigáveis?". Concluindo, fala somente se as tuas palavras forem *verdadeiras, necessárias* e *amigáveis*.

Nesse contexto, é até muito fácil para nós alinhavar uma sentida e justificada "reprimenda" pelos milhões e milhões de palavras vazias e barulhentas que caem, continuamente, sobre nós como um furacão e nos atordoam e nos deixam mais derrotados e mais pobres. Algum espírito atento escreveu que, hoje, as palavras inundam o mercado do mundo a preço de liquidação. Assiste-se impotente ao transbordar de "águas" tagarelas como um segundo dilúvio: são vulgaridades, torpezas, banalidades, linguagem trivial, imoralidade crescente, ostentação refinada do mal até nas formas mais aberrantes... Talvez esse mau costume que se espalha seja um álibi fácil para a perda dos valores que, até num passado recente, eram a urdidura de fundo dos relacionamentos interpessoais na estima, lealdade, retidão, respeito, coerência, confiança... Infelizmente, hoje se multiplicam sem medida as palavras e os palavrões, e, infelizmente, crescem a solidão e o isolamento. As cidades se tornam desertos, embora cheias de pessoas, ainda estressadas por um tráfego caótico.

Cristo é a "Palavra"

Deus Pai havia dirigido numerosas e urgentes mensagens ao ser humano, "muitas vezes e de muitos modos, pelos profetas" (Hb 1,1); depois, no seu imenso amor, "quando se completou o tempo previsto" (Gl 4,4), decidiu falar por meio de seu Filho Jesus. Nele, e através dele, a Palavra de Deus se faz visivelmente presente e adquire uma eficácia extraordinária. A Palavra-Pessoa divina se faz carne e vem morar no meio de nós (Jo 1,14). Nenhuma palavra é mais viva e mais poderosa que esta (Hb 4,12), está destinada a dar fruto, a produzir efeitos prodigiosos, uma vez que participa do mesmo poder da palavra criadora de Deus (Gn 1,3ss).

De fato:

- Cristo fala e os doentes são curados (Mc 1,29-31).
- Cristo fala e os cegos vêem (Mc 10,46-52).
- Cristo fala e a lepra desaparece (Mc 1,40-42).
- Cristo fala e os espíritos imundos fogem (Mc 1,21-28).
- Cristo fala e a tempestade se acalma (Mc 4,35-41).
- Cristo fala e o pão é multiplicado (Mc 6,23-44).
- Cristo fala e os mortos ressuscitam (Mc 5,35-43).
- Cristo fala e os pecados são perdoados (Mc 2,1-12).

Ele fala nos pátios do Templo de Jerusalém, nas sinagogas, nas casas particulares, na praia do lago, nas colinas e ao longo das estradas. Coloca à disposição de todos a palavra que salva, convencido de que o ser humano tem necessidade urgente da verdade, não para se divertir com a verdade, mas para salvar-se na verdade. Fala aos discípulos, aos amigos e aos inimigos, aos simples de alma aberta e aos sábios de coração fechado, aos sofredores e aos que se alegram. Fica distante da casuística dos fariseus e anuncia o mistério do Reino de Deus às multidões, que acorrem a ele com o rico cabedal de misérias e de dor. Para as "grandes multidões" (Mt 13,2), fala sob o véu das parábolas, anunciando o mistério do Reino; atenua, sabiamente, a luz de verdades, para que não fiquem deslumbradas. Não consegue livrar-se da afetuosa pressão de quantos acorrem para ouvi-lo: assediam-no por todos os lados, seguem-no por toda parte, tanto que "não podia nem alimentar-se" (Mc 3,20). As palavras que ele diz são as antigas, já conhecidas, mas a mensagem é nova, novíssima, nunca ouvida; não as tomou emprestada dos mestres do passado, mas disse em nome próprio ("Ouvistes o que foi dito..., mas eu vos digo", Mt 5,21-48). As suas são "palavras de vida eterna" mesmo quando são "duras" de entender (Jo 6,60.68). São tão vivas e tão novas que relê-las significa não tanto recordá-las, quanto descobri-las cada vez mais ricas e mais profundas.

Os fariseus e os doutores da lei, perdidos atrás das acrobacias dialéticas, enrijeceram-se em observâncias minuciosas e vazias; ficam, por isso, diante das portas do Reino como cães que rosnam e não permitem que os outros entrem nele (Mt 23,13). Não os demovem nem mesmo as fulminantes derrotas no terreno das polêmicas com o Mestre de Nazaré. Decidem, por isso, recorrer ao insulto, à calúnia e à violência, que sempre foram as armas dos vis; agem atrás dos bastidores, na escuridão, onde se esconde a vileza (Mt 26,3-4). "Não sabiam o que fazer, pois o povo todo ficava fascinado ao ouvi-lo falar" (Lc 19,48). No entanto, aparentemente, parecem ter vencido: acusam-no de blasfêmia (Mt 26,65-66) por ter dito a verdade no processo, isto é, era "o Cristo, o Filho de Deus" (Mt 26,63). E foi pregado numa cruz.

A "palavra" da cruz

A cruz fala, por acaso? Será que a cruz tem uma linguagem secreta? Realmente, sim! Certamente, não é a madeira da cruz que fala, mas fala o silêncio daquele que nela está pregado. Ou melhor, a crucificação se torna a expressão máxima da encarnação de Cristo e o vértice da transcendência de Deus. No taciturno silêncio do Calvário se percebe um "dizer" diferente do Cristo; é um "dizer" que elimina todo equívoco e todo mal-entendido e fala de modo forte, bem compreensível, transparente. As palavras que o Mestre pronunciou no tempo de sua missão, apesar de sua luminosidade, nem sempre foram entendidas no significado mais certo. Foi bonito e fácil para as multidões assistir a prodigiosos acontecimentos, mas foi muito difícil tirar deles as inevitáveis conseqüências para a própria vida. De resto, sabe-se que são muito raros os seres humanos que não têm medo das conclusões que devem ser traduzidas em vida!

Agora, a cruz torna possível compreender claramente, sem véus nem equívocos, as mensagens do Moribundo. É a mensagem do seu *amor*: um amor sem limites, total, infinito. Por amor derrama todo o seu sangue até a última gota; por amor concede generosamente a absolvição total aos seus crucificadores (Lc 23,34); por amor doa a sua Mãe Maria como Mãe a todos nós, representados lá pelo discípulo predileto (Jo 19,26-27); por amor sofre os escárnios e as zombarias e dá o paraíso de presente ao bom ladrão (Lc 23,43). O amor, portanto, é a palavra clara e forte que ele, com pouquíssimos acentos, lança da cruz ao mundo e à história. É a palavra da cruz: verdadeira, aberta, profunda, comovente. Todo ser humano de coração nobre pode parar no Calvário para aprender o que é o amor e, sobretudo, descobrir qual é o seu preço.

A cruz, no seu silêncio, diz também a *solidariedade* plena, a partilha incondicionada, a imersão total do Crucificado nas aventuras humanas. São Leão Magno descreve, admiravelmente, a solidariedade do Cristo numa carta célebre:

> O Filho de Deus faz a sua entrada no meio das misérias deste mundo. Entra numa condição nova: realmente invisível em si mesmo torna-se visível na nossa natureza; infinito, se deixa circunscrever; existente antes de todos os tempos, começa a viver no tempo; dono e Senhor do universo, toma a forma de servo; impassível e imortal, não reclama por se fazer homem passível e sujeito às leis da morte (*Carta a Flaviano*: PL 54, 767).

Portanto, na sua experiência terrena, foi igual a nós em tudo, "menos no pecado" (Hb 4,15). Mas é na cruz que ele demonstra a solidariedade plena e extrema com o ser humano, morrendo com a angústia de um grito, como relata o evangelista Marcos: "Então Jesus deu um forte grito e expirou" (Mc 15,37). A palavra, na cruz, se torna grito. Alguém faz observar justamente que a palavra nasce no silêncio ("Um tranqüilo silêncio envolvia todas as coisas..." — Sb 18,14-15) e morre com um grito.

Morre entre os escárnios e as zombarias (Mc 15,31-32), tratado como um bandido, como alguém que é muito perigoso para a convivência civil. E é precisamente nesta situação de extrema "fraqueza" de derrota que alguém entende o "poder" do divino: é aqui que "a Palavra" é reconhecida e professada na sua "filiação divina" ("Na verdade, este homem era Filho de Deus" – Mc 15,39). Depois da dilacerante experiência do Crucificado no Calvário, nenhum ser humano escarnecido, zombado, insultado e pisado sofre sozinho: o Crucificado está do seu lado, está com ele, está nele.

2.

Jesus no duplo papel de "arauto" e de "mestre"

O primeiro modelo assumido por Jesus

No início de sua atividade missionária, Jesus se apresentou no papel do antigo modelo do *profeta arauto de Javé*. João Batista o havia precedido havia pouco nesse trabalho (Lc 3,1-2). No grande sulco da tradição de Israel, esse papel tinha sido altamente exercido pelos nomes prestigiosos de Jeremias, Isaías, Amós, Oséias... Agora é ele, Jesus, sozinho, não acompanhado por outros, que começa a sua missão como arauto.

O arauto tinha como símbolos da sua missão *a voz e os pés* (cf. Is 40,3; 52,7; Ef 6,15). Ele era "a voz" a serviço daquele que o enviava, e tinha a tarefa de "andar" para atingir todos os seus destinatários. Não devia empenhar-se em longos discursos, mas em breves anúncios; por isso, mais que falar, devia anunciar, alto e forte, a mensagem, e repeti-la muitas vezes.

O caminho era o lugar privilegiado da sua missão, e o arauto devia percorrer muitos quilômetros desse caminho; por isso devia ser jovem e ter boa saúde; devia ser acostumado a todas as intempéries. Devia estar livre de laços familiares e devia levar consigo o mínimo indispensável para poder caminhar o mais rápido possível.

Jesus, no seu primeiro aparecimento em público, modelou a sua pessoa e a sua atividade no estilo do arauto. Percorreu a Galiléia (Mt 4,23; Mc 1,39; Lc 4,14-15) e procurou abrir para si uma brecha no centro vivo da consciência de Israel com um *anúncio repetido, breve e incisivo*: "O Reino de Deus está próximo. Convertei-vos e crede na Boa-Nova" (Mc 1,24-15). Através dessa brecha, vai querer entrar com todo o poder e a novidade da sua mensagem.

No início, portanto, Jesus é o arauto que vai pelas estradas da Palestina e lança a sua mensagem. Dada a sua mobilidade, não tem um auditório estável, mas ocasional, sempre diferente, novo; não tem, ainda, a possibilidade de ter cuidados contínuos com um grupo particular. Agora, ele se contenta com lançar nas consciências uma semente muito modesta, sem presunção de cuidar do campo e fazer amadurecer a messe.

O "mestre" é o segundo modelo

Depois de algum tempo, e muito provavelmente na conclusão da sua grande viagem através da Galiléia, Jesus toma a decisão de agregar a si "discípulos" (Mc 1,16-20), aos quais confia a breve "mensagem do arauto", mas *participa o ensinamento*, que abrange uma série de verdadeiros e próprios discursos diversamente desenvolvidos e aprofundados. Assim, depois do modelo *do profeta-arauto*, vem o do *mestre*.

Como mestre, Jesus pertence à categoria dos rabis. No seu tempo, a figura do rabi vem depois da do escriba. O rabi era saudado como *mestre, pai, guia*, e eram numerosas as distinções exteriores e as expressões de homenagem; em *Pirkè Abòth* se lê: "Tem pelo teu mestre tanta veneração quanto tens veneração por Deus" (IV, 15).

Na origem, o termo "rabi" era um adjetivo (*rab = grande*). Depois foi substantivado, com o significado de "senhor, mestre, patrão", e foi acrescentado o pronome sufixo "i", da primeira pessoa singular, e significou "meu mestre". Nos evangelhos, por duas vezes aparece a forma aramaica *rabbuni* (cf. Mt 10,51; Jo 20,16).

Este é o retrato ideal de um rabi:

Todo aquele que se dedica ao estudo da Torá (lei), sem um segundo interesse, não somente é digno de muitas coisas, mas todo o mundo merece existir para ele. Ele é chamado "companheiro e amigo"; ele ama a Deus e ama as criaturas humanas; ele é causa de alegria para o Senhor e para os seres humanos. A Torá o reveste de humildade e de temor de Deus, ajuda-o a ser justo, piedoso, honesto e leal; afasta-o do pecado e o aproxima da virtude; dele se tiram conselho, sabedoria, prudência e coragem. (A Torá) lhe confere domínio, poder e argúcia jurídica [...] exalta-o acima de todos (*Pirkè Abòth* VI, 1).

E agora, uma pergunta...

Como foi Jesus realmente considerado rabi, mesmo não tendo freqüentado as escolas rabínicas? Qualquer israelita que era agraciado com qualidades proféticas podia apresentar-se em público e reunir discípulos em torno de si. Apesar disso, as autoridades hebraicas pediam ao novo rabi alguma "prova" especial para legitimar a ocupação. A prova podia ser dada referindo-se a alguma citação bíblica ou à visão misteriosa que lhe havia conferido a tarefa de ensinar.

Tal é, exatamente, o caso de João Batista e de Jesus. Pode-se ver no Evangelho que os escribas se aproximaram repetidas vezes de Jesus e lhe fizeram a pergunta: "Como ele é tão letrado sem nunca ter recebido instrução?" (Jo 7,15).

No tempo de Jesus, os rabis exerciam uma influência determinante na vida política, social e religiosa do mundo jurídico. Obviamente, nem sempre o ponto de vista de Jesus combinava perfeitamente com o dos outros doutores da lei. Daí, os freqüentes e fortes contrastes entre Jesus e os outros "guias" do povo hebraico. Ele, abertamente, dava a entender que não queria aceitar supinamente as categorias culturais e religiosas dos rabinos, mas em parte as aceitava e em parte discordava delas. Marcos realmente relata que "ele ensinava como quem tem autoridade, não como os escribas" (Mc 1,22).

3.

Características do mestre hebreu

Os "sonhos" de um rabi

A maior ambição de um *rabi* (ou mestre) hebreu era poder conquistar espaços de atenção junto ao público e gozar de grande prestígio junto aos seus discípulos. Nem sempre e nem todos os mestres conseguiam reunir o número mínimo de alunos na própria escola, mesmo porque vigoravam normas rígidas de seleção. Eram excluídos delas aqueles que tinham defeito físico ou que exerciam um ofício que comportava de per si a impureza legal (como, por exemplo, os açougueiros, os curtidores de peles, os médicos) ou que estavam em perigo contínuo de pecar, como os adidos ao imposto ou à alfândega e os empregados em ofícios públicos. O caminho do saber era proibido às mulheres. Cada aluno escolhia o próprio rabi, acocorava-se aos seus pés para ouvi-lo (cf. At 22,3), levava vida comum com ele para não perder nenhuma ocasião de ouvi-lo e de imitar sua vida e seu estilo. O discípulo passava, então, a ser o servo ou o secretário do seu "rabi": atava-lhe as sandálias, servia-o à mesa, reunia, diligentemente, as suas "máximas" e conduzia o burro sobre o qual o seu mestre cavalgava. O ensinamento que o mestre ministrava não era destinado às massas, que, no entanto, podiam estar presentes e beneficiar-se da sabedoria dessa "fonte".

Jesus se distancia notavelmente desse clichê rabínico. Ele mesmo toma a iniciativa de selecionar aqueles que devem segui-lo e freqüentar a sua escola; dirá mais tarde "aos seus": "Não fostes vós que me escolhestes; fui eu que vos escolhi" (Jo 15,16). No seu séqüito, aceita, também, as mulheres (cf. Lc 8,1-3) e chama para o seu seguimento até um publicano (cf. Mc 2,13). Ele prefere estar no meio dos seus não como aquele que é servido e reverenciado, mas simplesmente "como aquele que serve" (Lc 22,27). O seu ensinamento é, sim, dirigido aos seus, mas é tão interessante que muito freqüentemente ele é circundado pela multidão até em simples casas particulares (cf. Mc 3,32).

O rabi e a lei

A tarefa principal do mestre rabínico era centrar-se no ensino da lei (Torá) escrita e oral. Para o hebreu piedoso, de fato, o estudo da lei era o máximo dos deveres; ou melhor, "ser instruído na lei" e "ser fiel, religioso" era a mesma coisa. Por isso a classe culta, os doutores da lei, olhava com desprezo as pessoas incultas das classes baixas da população. Um eco desse desprezo se percebe também no evangelho de João, onde se relata a irritação nervosa dos fariseus diante da grande quantidade de gente simples que acorria para escutar Jesus: "Essa gente que não conhece a lei são uns malditos" (Jo 7,49).

Na escola rabínica, o mestre cuidava muito da transmissão rígida da interpretação da lei e recorria a técnicas mnemônicas para garantir a conservação literal do texto. Sob a sua guia, o discípulo aprendia o texto de memória, em seções, dividindo-o; esquematizava-o, também com o recurso a "palavras-chave" e procurava entender as nuanças do texto original para ajudar mais a memória. Depois dessa primeira fase, seguia-se, às vezes, um encontro pessoal com o mestre, articulado em perguntas e respostas. Nesse encontro, ele podia assegurar-se de que a sua lição tinha sido bem recebida e assimilada.

Também para o Mestre Jesus a lei tem um lugar importante no seu ensinamento; ou melhor, ele declara, explicitamente, que não tem intenção de abolir nada dessa lei, mas completá-la com a revelação que "é" ele mesmo (cf. Mt 5,17). Também ele, às voltas com os seus alunos, usa recursos freqüentes a formulações mnemotécnicas para facilitar a lembrança dos seus "ditos" (cf. Mt 6,1-6. 16-18. 25-33). No entanto, como a comunidade de pessoas que ele reúne em torno de si não é um simples círculo de estudiosos, nem uma pura academia de discípulos, então são encontradas no seu estilo, e mais no seu ensinamento, *novidades espetaculares*. Ele infringe facilmente as tradições (cf. Mt 7,1-13) e a letra da lei, e apela para a sua autoridade pessoal e para o espírito da lei.

A lei, Moisés e Jesus

Segundo uma convicção comum, julgava-se que uma cadeia ininterrupta de transmissão de interpretação da lei ligava entre si as várias gerações de mestres até chegar a Moisés, que era "o mestre" por excelência. Por isso afirma-se nos evangelhos que os rabis são "discípulos" de Moisés (Jo 9,28) e "sentam-se no lugar de Moisés" (Mt 23,2), isto é, ensinam em nome do grande legislador do Povo de Deus, e não devem modificar nem alterar nada da lei. Mais ainda, fidelíssimos a essas certezas, gostavam de declarar-se "servidores da lei". Portanto, a sua atenção era toda voltada para a lei.

O rabi Jesus, embora no respeito e na prática da lei, não polariza muito a atenção dos seus na lei, quanto na contraposição entre *foi dito* e *mas eu vos digo*:

5,21-22:"Ouvistes o que *foi dito* aos antigos: não matarás...; *mas eu vos digo*: todo aquele que [...] deverá responder no tribunal".

5,27-28: "Ouvistes o que *foi dito*: Não cometerás adultério; *mas eu vos digo*: todo aquele que olhar para uma mulher com o desejo de possuí-la...".

5,33-34: "Ouvistes também que *foi dito* aos antigos: não jurarás falso... *Ora, eu vos digo*: não jureis de modo algum...".

5,38-39: Ouvistes que *foi dito*: "Olho por olho e dente por dente; *mas eu vos digo*: não ofereçais resistência ao malvado...".

O evangelho de João também está constelado de expressões de Jesus com o característico *eu sou*. Isso quer dizer que toda a intensidade e o valor teológico da afirmação repousa sobre a sua pessoa:

- 6,48: "Eu sou o pão da vida".
- 8,12: "Eu sou a luz do mundo".
- 10,11: "Eu sou o bom pastor".
- 11,25: "Eu sou a ressurreição e a vida".
- 14,6: "Eu sou o caminho, a verdade e a vida".
- 15,1: "Eu sou a videira verdadeira".

Aqui não está somente o Mestre Jesus que fala, mas é ele que fala de si mesmo. O *eu sou* remete, certamente, ao *eu sou aquele que sou* do Êxodo (3,14) e está evidenciando a grandeza, a superioridade e a transcendência de Jesus, porque é Deus; ao mesmo tempo, está sublinhando, também, a proximidade, a modéstia e a simplicidade de um grande Mestre.

O eu sou é como um propor-se de Jesus para ser acolhido ou rejeitado, escutado ou não entendido. Todo encontro com ele não é, nunca, indiferente. As suas palavras são destinadas a dar fruto de vida ou de morte, de alegria ou de tristeza, de luz ou de treva. Ser humano algum jamais ousou afirmar que as suas palavras decidem sobre a vida ou sobre a morte de alguém; Jesus sim, e somente ele.

4.

"A Palavra" e as palavras

Crise da palavra no ser humano de hoje

Alguns discípulos perguntaram um dia a Confúcio: "Por onde começarias se devesses governar o povo?" "Melhoraria o uso da linguagem", respondeu o mestre. Os discípulos ficaram muito surpresos e disseram: "Que significa melhorar a linguagem?" E Confúcio respondeu:

> Se a linguagem não é precisa, aquilo que se diz não é aquilo que se pensa; e se aquilo que se diz não é aquilo que se pensa, as obras ficam irrealizadas; mas se não se realizam as obras, não progredirão nem a arte, nem a moral; e se arte e moral não progredirem, a justiça não será justa; mas se a justiça não for justa, a nação não conhecerá o fundamento em que se fundamenta e o fim ao qual tende. Não se tolere, por isso, qualquer arbítrio nas palavras. Eis o problema primeiro e fundamental.

Com essa lição lúcida, o sábio mestre chinês entendia pôr em evidência a tríplice modalidade do relacionamento que o ser humano tem com a palavra: *falar, escutar, fazer*, isto é, dizer a palavra, escutar a palavra, traduzir a palavra na prática. Na sucessão lógica dos três verbos, nota-se que, no ser humano que fala, deve haver, necessariamente, a passagem do dizer ao fazer, isto é, "do ser simples ouvintes da palavra para concretos praticantes da palavra (*factores verbi*)" (Tg 1,22.25).

Infelizmente, porém, a experiência cotidiana confirma que "entre o dizer e o fazer há um mar de distância", como ensina a sabedoria popular. O nosso tempo, marcado como a era das comunicações rápidas mediante uma rede muito densa de mensagens de todo tipo, escritas e faladas, é, infelizmente, também o tempo da inflação das palavras. Por isso serve, também para nós, a admoestação do bíblico Coélet: "Todas as coisas são difíceis e não se pode explicá-las com palavras... Meu filho, nunca se termina de compor livros e mais livros..." (Ecl 1,8; 12,12).

Corre, ininterruptamente, dia e noite,

um rio de palavras que, se pudesse confluir em um só lugar de todos os continentes, formaria uma represa tão grande que deveria chamar-se oceano. Um oceano de palavras...! A cada manhã, é como se abrissem as cataratas ou se rompessem os diques de uma represa colossal, e saísse dela uma massa incalculável de... palavras capazes de envolver e arrancar tudo (E. Liberati).

A cada dia, uma agitação ininterrupta de rumores, vozes ensurdecedoras, músicas infernais, *slogans* repetidos sem-fim nos esvaziam e nos empobrecem. A sabedoria dos séculos ensina que uma sociedade tagarela é uma sociedade em crise. Também Octavio Paz, escritor mexicano, prêmio Nobel em 1990, afirma que uma civilização começa a corromper-se quando se corrompe a sua linguagem. Além disso, o transbordar do verbalismo ameaça seriamente a integridade psíquica, espiritual e moral do ser humano. Portanto, a crise da palavra indica a crise da cultura do ser humano com o conseqüente apagar-se de certezas e de valores.

As potencialidades infinitas da Palavra

As mentes mais atentas e culturalmente mais sensíveis do nosso tempo denunciam, abertamente, uma deficiência geral do ser humano de hoje e tentam, também, dar um final positivo à mesma deficiência. Trata-se de uma reconquista da palavra por parte do ser humano; da palavra, porém, que realiza o que ela significa. Isto é, o "dizer" e o "fazer" a palavra devem estar em íntima correlação; *palavra* e *ação* devem constituir um binômio inseparável. A palavra, de fato, exige ser "feita", isto é, ser traduzida em gestos e comportamentos concretos, e não aceita permanecer simples sopro. Esta é a sábia indicação que remete o ser humano ao centro da história, numa perspectiva na qual, à imitação de Deus criador que chama todas as coisas à existência, ele também possa dar o nome certo às coisas e realizar as suas múltiplas potencialidades.

Em outros termos, mediante uma atenta e prolongada meditação, deve-se confrontar, ou melhor, "imergir" as nossas muitas palavras na Única Palavra. É aqui que as nossas pobres palavras renascem impregnadas de toda a força da Palavra e se tornam fecundas de frutos. E é assim que elas voltam a fazer, além de dizer; aparecem, assim, novas, do profundo do ser, como se não tivessem sido pronunciadas antes, jamais. São palavras que se tornam suscitadoras de vida, penetrantes, explosivas, chegam a todo lugar com a sua essencialidade avassaladora.

Isso encontra a explicação no fato de que a palavra é *dabár*, segundo a teologia bíblica; isto é, notícia e acontecimento ao mesmo tempo; não é somente palavra-pensamento, mas é também palavra-acontecimento, palavra-ação, palavra-poder. É uma palavra que, ao mesmo tempo, é idéia, ensinamento e acontecimento, fato e história. O dinamismo da palavra é devido à íntima relação com a pessoa, que é a sua fonte. A cultura hebraica — afirma Schillebeeckx — "não faz distinção entre a palavra e a pessoa que fala. A palavra é um modo de ser da mesma pessoa... a força da palavra é a força mesma da pessoa que a pronuncia: daqui o poder (*dynamis*) da PALAVRA de Deus". A Palavra, portanto, age sempre; é *logos* e *èrgon* ao mesmo tempo; é "acontecimento e palavra intimamente ligados entre si", afirma o Concílio na constituição dogmática *Dei Verbum* (n. 2); age não somente em alguma circunstância e para alguém; opera, modifica radicalmente, transforma situações e cria situações novas.

"Onde ela passa, nada permanece sem que seja mudado: ela penetra toda realidade e transforma:"

Onde encontra as trevas, traz a luz;
onde encontra a morte, traz a vida;
onde encontra o desespero, traz a esperança;
onde encontra um corpo desfeito pelo pecado,
traz o frescor e a novidade absoluta;
onde encontra a inocência, crucifica-a
para que traga mais frutos.

A Palavra exige uma resposta livre

O caminho dinâmico da Palavra no mundo interior do ser humano não acontece previsível e automaticamente; exige-se a resposta livre e convicta daquele que a recebe. É justamente nesse sentido que Paulo escreve à comunidade de Tessalônica e a convida a orar para que a Palavra tenha boa acolhida onde for anunciada: "Orai para que a Palavra do Senhor se espalhe rapidamente e seja glorificada como é entre vós" (2Ts 3,1). Portanto, é muito importante proporcionar-lhe uma grande e generosa acolhida, sabendo bem que a ação transformadora em cada pessoa é proporcional às próprias disposições interiores. É verdade que a Palavra toma a iniciativa, mas não força as situações; oferece-se, mas não se impõe; ilumina, mas não obriga a mudanças. Exige-se, por isso, que seja acolhida de modo que a pessoa se deixe docilmente atingir e trabalhar, cedendo à sua ação discreta e implacavelmente penetrante em todas as fibras do seu ser.

Trata-se de dar-lhe carta-branca para que aja livremente e deixe tudo novo. Se a Palavra tem campo livre de ação, então chama pelo nome, interpela, ilumina, aquece, vivifica e, se for preciso, contesta, repreende, põe em crise, sublinha vazios interiores, faz brotar do profundo medos e complexos, impurezas e vilezas, provoca sofrimentos agudos e desperta a metanóia.

Escreve Aldrovandi que

a Palavra de Deus, naqueles que a recebem, germina e cresce, santifica e regenera, penetra até nas profundezas do ser, nutre, ilumina [...]. Porém, para que ela se torne vida em nós, pão e luz, verdade e liberdade, é preciso que dos nossos ouvidos desça para o coração (no sentido bíblico do termo), onde, no centro mais profundo do nosso ser, a nossa pessoa encontra a sua unidade e a sua vida interior. Desça lá e lá se enraíze, para até lá levar o seu fruto de vida.

Atenção, porém, aos medos provocados pela mesma Palavra e aos possíveis fechamentos de mente e de coração. São sempre perigosos...! É justamente isso que coloca bem em evidência o senhor pároco de Torcy no *Diário de um pároco de aldeia*, de Georges Bernanos [há edição brasileira da Paulus]: "A Palavra de Deus" — diz o senhor pároco — "é um ferro em brasa. E tu que a ensinas queres pegá-la com pinças, com medo de queimar-te? Não deverias agarrá-la com as mãos?"

Diferente de temer a Palavra, é, ao contrário, sábio procurá-la, acolhê-la, amá-la, vivê-la. A Palavra toma iniciativa do encontro com o ser humano, mas este deve responder com uma adesão livre e total. Renovemos o nosso amor e a nossa humilde docilidade à Palavra com a comovente declaração de santo Agostinho nas suas *Confissões*:

> Eu volto, sedento e desejoso, à tua fonte. Ninguém mo impede; nela beberei e terei novamente a vida. Porque eu não sou a vida de mim mesmo. Vivi mal e por mim fui capaz somente de dar-me a morte. Mas agora em ti eu vivo de novo. Fala-me tu, sê tu o meu Mestre. Eu creio na Sagrada Escritura (XII, 10).

5.

O estilo do rabi Jesus no seu ensinamento

"Um ensinamento novo, e com autoridade" (Mc 1,27)

É verdade que podemos falar de um "estilo de Jesus". Indicamos com essa expressão algumas características próprias do seu ensinamento. A primeira característica, repetida várias vezes nos evangelhos, é que *o seu ensinamento é ministrado com autoridade.*

O evangelista Marcos escreve que, exatamente no começo da pregação de Jesus em Cafarnaum, todos "ficaram admirados com seu ensinamento, pois ele os ensinava como quem tem autoridade, não como os escribas" (Mc 1,22). Lucas acrescenta que "eles ficavam maravilhados com os seus ensinamentos, pois sua palavra tinha autoridade" (4,32). Em Jerusalém, os enviados do sinédrio encarregados de prender o incômodo mestre voltam de mãos vazias, confessando: "Ninguém jamais falou como este homem" (Jo 7,46). A mesma impressão é relatada por Mateus na conclusão do sermão da montanha: "Quando ele terminou essas palavras, as multidões ficaram admiradas com seu ensinamento. De fato, ele as ensinava como quem tem autoridade, não como os escribas" (Mt 7,28).

Como os escribas ensinavam? Fundamentando essencialmente a sua autoridade em Moisés, que era comumente considerado como o mestre por excelência. Todo mestre hebreu se remetia a ele mediante a longa e ininterrupta cadeia de transmissão de ditos e de interpretação da lei. Argumento decisivo em favor de uma hipótese ensinada. Recorriam a fórmulas como: "O mestre NN relatou quanto aprendeu de seus antecessores...; eu, em nome do rabi NN, vos digo etc."

Jesus, ao contrário, se apresenta sem ter necessidade de apoiar a sua doutrina em nenhum dos predecessores, mas encontra a força da autoridade na sua mesma pessoa. Por isso somente ele enfrenta as turbas com o *mas eu vos digo, em verdade, em verdade vos digo...* Ele não ensina coisas aprendidas de outros, mas revela aquilo que vive e vê no seio do Pai.

E isto o mesmo Jesus declara ao velho Nicodemos: "Nós falamos do que conhecemos e damos testemunho do que vimos" (Jo 3,11). Certamente, ninguém conhece Deus Pai como ele e ninguém conhece e ama o ser humano mais que ele; por isso ele pode exigir uma aceitação plena e incondicionada da sua palavra e pode apoiar toda a força das suas declarações na sua pessoa:

- Jo 8,24: "Eu sou".
- Mt 10,16: "Eu vos envio".
- Mc 9,25: "Eu te ordeno".
- Lc 8,46: "Eu senti uma força saindo de mim".

Quando, em Cafarnaum, impõe ao demônio que deixe em paz um possesso, a multidão expressa a sua vibrante maravilha pelo modo de ensinar de Jesus: "Que é isso? *Um ensinamento novo, e com autoridade:* ele dá ordens até aos espíritos impuros, e eles lhe obedecem!" (Mc 1,27). Alguns versículos mais adiante, o evangelista acrescenta: "Todos ficaram admirados e louvavam a Deus dizendo: 'Nunca vimos coisa igual!'" (Mc 2,12).

Portanto, diz-se de Jesus que propõe uma doutrina nova, e com autoridade. Nova: não significa, simplesmente, alguma coisa que não foi dita ainda, mas é nova porque renova, rejuvenesce. É nova porque realiza na pessoa uma ruptura com o passado e imerge numa realidade nunca vista, mas que se descobre como autêntica, verdadeira e desejada há muito tempo (cf. B. Maggioni, *Il racconto di Marco*, Cittadella, p. 45).

É uma novidade total. Diante dela, todo o resto se torna superado, inútil e velho. Com a sua intervenção e a sua palavra criadora, Jesus reconduz o ser humano ao encanto original, ao frescor, à juventude.

Com *autoridade* (*exousia*)! Isto é, ele ensina livremente, com franqueza, com coragem. Em nome dessa autoridade, ele se declara maior que o maior dos profetas, que é João Batista (cf. Mc 11,31; Mt 11,27); maior que o profeta Jonas (cf. Mc 12,4; Lc 11,32); maior que todos os outros mensageiros que se sucederam ao longo da história da salvação. É o mesmo Jesus que faz, claramente, esta revelação aos discípulos: "Felizes os olhos que vêem o que vós estais vendo! Pois eu vos digo: muitos profetas e reis quiseram ver o que vós estais vendo, e não viram; quiseram ouvir o que estais ouvindo, e não ouviram" (Lc 10,23-24).

A sua, portanto, não é simplesmente uma autoridade profissional, conquistada através de uma pesquisa paciente, de uma longa experiência, mas é uma autoridade que vem do Alto, do seu poder divino; apóia-se numa sabedoria superior e na força dos milagres. Mas no aquém, na parte controlável do ser humano, há, também, o seu modo de viver e de comportar-se que transcende o modo normal de comportar-se do ser humano. Encontram-se nele simplicidade e modéstia, calma e serenidade constantes, transparência incomparável de vida e correspondência perfeita das ações com a doutrina. É assim que a sua palavra não é como um simples sopro, mas é vida, produz, irresistivelmente, efeitos em quem a ouve. A sua palavra é poderosa, liberta e cura.

A pedagogia do empenho

Em nome da sua autoridade, Jesus é exigente ao máximo com o ser humano; a ele se dirige não se limitando a arrancar-lhe o consentimento, mas exigindo dele a concretização daquilo que ele anuncia. Por isso foi com justiça escrito que ele ama o verbo "fazer" quando a esfera espiritual do ser humano é empenhada. Então, Jesus faz ressoar o apelo ao agir, a traduzir na prática, a colocar em ação:

- Mt 3,8: "*Produzi* fruto que mostre a vossa conversão".
- Mt 7,12: "Tudo, portanto, quanto desejais que os outros *vos façam, fazei-o*, vós também, a eles".
- Mt 7,21: "Nem todo aquele que me diz: 'Senhor! Senhor!' entrará no Reino dos Céus, mas aquele que *põe em prática* a vontade de meu Pai".
- Mt 23,3: "Portanto, tudo o que eles vos disserem, *fazei* e observai, mas *não imiteis* suas ações! Pois eles falam e *não praticam*".
- Lc 6,35: "*Fazei* o bem e prestai ajuda sem esperar coisa alguma em troca".

A mesma salvação não é uma coisa adquirida já de início, mas que deve ser feita, deve ser merecida através de uma ação longa e trabalhosa. A salvação, mais que um dom para ser entregue ao destinatário já belo e confeccionado, é uma realidade que deve ser conquistada e merecida com uma vida esforçada. Por isso Jesus apresenta as verdades como fatos, como atos que devem ser realizados, mais do que como idéias que devem ser aprendidas.

Jesus, portanto, propõe a pedagogia do esforço. Com ele, o ser humano não está às voltas com abstrações, mas com momentos existenciais que o envolvem plenamente e na primeira pessoa. De resto, sabe-se que na linguagem bíblica a palavra é sempre expressão de um fato, de um acontecimento. O mesmo Deus não se apresentou como aquele que em si e por si é bom, misericordioso e justo, mas como aquele que age com vísceras de bondade, de misericórdia e de justiça. Na Bíblia, a teoria tem sentido somente e enquanto é expressão de uma praxe e de um estilo de vida.

Jesus conhece muito bem aquilo que falta ao ser humano. Por isso, sabe, oportunamente, recorrer a uma pequena obra-prima de pedagogia: procura servir, ajudar, amar e, ao mesmo tempo, estimula o ser humano ao serviço, à ajuda e ao amor. Assim, faz desaparecer a superficialidade, a vaidade e o vazio no ser humano. O vazio, ele o elimina enchendo-o; a superficialidade, ele a cura solicitando que caminhe mais em profundidade; a vaidade, ele a anula propondo valores sólidos e fascinantes.

Jesus nunca responde às perguntas feitas por curiosidade

É na consideração dessas perspectivas pedagógicas que Jesus, visando realizar totalmente o plano de Deus, evita as perguntas e as exigências de "sinais" quando o motivo é unicamente colocá-lo à prova ou somente por curiosidade vã. Assim, durante a Paixão, não gasta sequer uma palavra para satisfazer a curiosidade de Herodes, o qual desejava havia muito tempo presenciar um milagre seu (cf. Lc 23,8-9); no encontro com os fariseus, que lhe pedem um sinal do céu, declara que "nenhum sinal será dado a esta geração" (Mc 8,11-13); ao "tentador", no deserto de Judá, responde que não quer realizar milagres para a própria vanglória e ostentação, nem por pressão do exterior, mas livremente (cf. Mc 12,38-39; 16,1-4; Lc 4,23); não os realiza visando a qualquer vantagem pessoal, nem cede às provocações que lhe são feitas aos pés da cruz (cf. Lc 23,35-37); não quer ser reduzido a um taumaturgo para realizar obras portentosas a cada passo; não cede ao pedido de milagres punitivos, nem mesmo quando é feito pelos seus discípulos para punir um povoado da Samaria (cf. Lc 9,53-55); não cede a certos pedidos da multidão quando esta o procura só porque com ele se sente garantida, ou para se livrar das necessidades cotidianas (cf. Mc 1,35-38).

Outras vezes, quando Jesus deve dar respostas a perguntas indiscretas, ele certamente responde, mas não precisamente conforme o teor da pergunta. Assim, por exemplo, quando alguém lhe pergunta se são poucos os que se salvam, Jesus responde deslocando sabiamente o acento do "quantos" para o "como": "Esforçai-vos por entrar pela porta estreita..." (Lc 13,23-24). Aqui, nota-se que Jesus "não acolhe a pergunta sobre o número (que sabe à curiosidade) e, ao contrário, insiste na seriedade com a qual deve ser levado adiante o esforço pela salvação" (F. Montagnini, *Il messagio morale del N. T.*, p. 95).

Encontramos a mesma atitude a propósito da parusia: os discípulos perguntam "quando" acontecerá o retorno do Filho do Homem, e Jesus responde indicando "como" preparar-se para aquele retorno, que fazer enquanto se espera (cf. Mt 24,3-4). Esse agir de Jesus não é estranho nem deselegante; é o agir de alguém que quer educar os discípulos a passar do plano da curiosidade para o da sabedoria, das questões ociosas que apaixonam as pessoas para os verdadeiros problemas que dizem respeito ao Reino (R. Cantalamessa, *La parola e la vita*, ano C, p. 317).

O rabi Jesus não é, absolutamente, evasivo quando se encontra diante de pessoas não sinceras ou diante dos fariseus fechados na torre obtusa da própria soberba. Quando querem inverter a escala dos valores (como preferir a exterioridade à interioridade, cuidar do detalhe em prejuízo do espírito, desvalorizar o mandamento de Deus nos confrontos com as tradições humanas, procurar um messianismo terreno em detrimento do Reino dos céus), então Jesus assume uma atitude intransigente que muitas vezes desemboca na cólera (cf. Mc 3,5) e faz sair do seu coração palavras e invectivas brilhantes (cf. Mt 23).

6.

O discípulo na escola de Jesus

O discípulo em comunhão de vida com Jesus

Trata-se de uma das figuras de primeiro plano do relato evangélico: *o discípulo*. Em grego, indicado com o termo *mathetès* e em hebraico *talmid*, tem o significado idêntico de indicar quem aprende, quem estuda sob orientação de um outro. Notamos, além disso, que no Novo Testamento, para qualificar o discípulo no seu papel específico, é usado o verbo *seguir* (em grego: *akolouthein*). E este é um particular realmente original e único (cf. Mc 1,18; 2,14-15; Mt 4,20-22; 9,9; 10,38...).

Nas escolas dos rabinos e dos filósofos gregos, o relacionamento habitual entre mestre e discípulo era o seguinte: o mestre ensinava doutrinas, verdades e conceitos, apresentava problemas e soluções, e o discípulo aprendia. Na escola do rabi Jesus, o relacionamento muda: *o mestre é Jesus que propõe a si mesmo, e o discípulo o segue*. Portanto, nessa escola não é proposta somente uma teologia ou uma doutrina, mas uma vida, um projeto de existência, um itinerário espiritual. Ser discípulo, portanto, é igual a seguir, *estar atrás*, levar vida comum.

O esforço para seguir tal mestre não deve ser como um fato episódico ou fragmentário; isto é, o discípulo não é chamado a seguir Jesus por algumas horas do dia ou somente por alguns anos durante a vida. Muito pelo contrário! O seguimento deve ser contínuo e permanente.

Une mestre e discípulo indissoluvelmente e de modo definitivo, por uma comunhão pessoal, íntima e vital. O mestre realiza com o discípulo uma vida compartilhada; isto é, os dois dividem tudo em comum: os ideais, os projetos, o trabalho, as responsabilidades, as conquistas, as provas, as ansiedades, os sofrimentos e as alegrias.

O mestre Jesus visa, lenta e respeitosamente, encher de si toda a vida e a pessoa do discípulo; visa possuí-lo, tê-lo todo e exclusivamente para si e permeá-lo, até as fibras mais íntimas, com sua divina pessoa. Ele pede que seja o único ideal a ser vivido, o único ponto de referência; ele quer ser o único, e somente ele, a ter um relacionamento imediato com o discípulo, o qual, por sua vez, deve viver em contínua tensão dinâmica "para o mestre".

Não é fora de propósito observar que Lucas usa o termo "discípulo-discípulos" até a hora em que estes estão com Jesus (isto é, até a cena do Getsêmani — 22,45). Desde o momento em que Jesus é tirado deles e está em poder do sinédrio, os Doze não são mais chamados discípulos. Voltar-se-á a chamá-los discípulos depois da vinda do Espírito Santo. Ou melhor: esse apelativo será estendido a todos os batizados, porque receberão o Espírito de Jesus e viverão, todos, em uma misteriosa e profunda união com Cristo (cf. At 6,1).

As constantes do seguimento

Em cada convite de Jesus para o seguimento, encontramos elementos recorrentes; esses são lembrados, constantemente, pelos evangelistas de modo mais ou menos explícito, e são: *o olhar, a urgência, o abandono* de tudo para o seguimento.

É *o olhar* de Jesus que toma o ser humano no seu ambiente habitual de vida e de trabalho e penetra no mais profundo do ser. É Jesus que passa e... *vê!* "Caminhando à beira do mar da Galiléia, *viu* Simão e o irmão deste, André" (Mc 1,16); "prosseguindo um pouco adiante, *viu* também Tiago, e João" (Mc 1,19); "ao passar, *viu* Levi" (Mc 1,13). Certamente, tal verbo não deve ser uma observação qualquer, ou colocado ali por acaso; pensamos, ao contrário, que queira expressar uma definição intencional.

Trata-se de um olhar que marca a pessoa, distinguindo-a de todo o resto dos presentes; é um olhar que elege, escolhe, separa, que deixa claramente compreender que tal ou qual pessoa interessa a Jesus. Ele, portanto, no encontro, começa com o ver uma pessoa e, somente com a linguagem dos olhos, dá a entender o quanto ela é importante e que ele deseja estabelecer um vínculo de comunhão.

É o caso, por exemplo, do anônimo de que Marcos, em 10,21, escreve, textualmente, "olhando bem para ele, com amor...". A expressão *com amor* (*que em grego está no aoristo: egàpesen*) acena para um amor novo, profundo, cheio de simpatia; um amor que é manifestado justamente naquele momento do encontro. É um amor que anima, um olhar que procura penetrar no íntimo para levar lá o próprio projeto, a luz, a verdade, a serenidade.

É um amor que faz pairar longamente sobre o jovem o olhar de Jesus. Marcos coloca antes da breve frase o verbo *olhando bem* (em grego: *emblèpsas*); não entende sublinhar somente a insistência do olhar, mas, sobretudo, a intensidade do amor. É um olhar que quer tocar o ser no seu íntimo; é quase uma ação que se realiza durante o diálogo: pôde-se ver esse amor como uma chama que foi aprisionada pelos olhos de Jesus para investir no jovem. E deve ter sido impressionante a cena para que Pedro a recordasse ainda nos mínimos detalhes, à distância de uns trinta anos!

O segundo elemento constante do seguimento é a ação de Cristo que chama. *A iniciativa é sua.* É ele que dá o primeiro passo, que dirige a palavra e chama; é ele que por primeiro lança a mensagem e faz a proposta de amizade e de intimidade. Ele toma a iniciativa sem encontrar nada de importante na pessoa chamada; atinge-a com um amor gratuito, inesperado, divino.

Por isso não é a pessoa chamada que se põe à procura do *rabi*, mas é este que vai procurar e chamar o *talmid*. Portanto, o seguimento não é uma conquista, mas um ser conquistado por ele. Não é o discípulo que "agarra" o mestre, mas é ele que é "agarrado" pelo mestre (cf. Fl 3,12). E quando o jovem se encaminha para Deus, perceberá muito depressa que já muito antes Deus se pusera a caminhar para sair-lhe ao encontro.

O terceiro elemento do chamado para o seguimento é a *urgência*! O chamado, diante do apelo do Senhor, não pode, facilmente, hesitar, tergiversar ou adiar a resposta, mas deve decidir-se, dar a resposta no momento do encontro. O apelo, portanto, tem uma nota de urgência: é o apelo do "tempo oportuno', do "tempo favorável"; é a grande e feliz ocasião que não pode falhar, ou melhor, deve ser aproveitada agora, aqui, de imediato, para mim, para você.

O Senhor é impaciente; quer que o chamado responda logo à ocasião oferecida. Esta espécie de "pressa divina" é sublinhada nos trechos citados: "[...] *imediatamente*, deixaram as redes e o seguiram" (Mc 1,18); "[...] *imediatamente*, Jesus os chamou, e eles se puseram a segui-lo" (Mc 1,20); "Jesus disse-lhe: 'Segue-me'! Ele se levantou e seguiu-o" (Mc 2,14). Ao *imediatamente* do chamado corresponde o *imediatamente* da resposta. Em suma, o último elemento comum é *o abandono* ou o desapego dos bens para seguir o Mestre. Exige-se um desapego radical de tudo e de todos, de modo a estar plenamente disponível para segui-lo. Para ir atrás dele expeditamente, é preciso deixar a existência de antes. No entanto, não é um simples e pobre deixar, mas é uma opção. De fato, nos textos evangélicos não é colocado tanto acento no deixar quanto no *seguir*. "[...] deixaram as redes e *o seguiram*" (Mc 1,18); "[...] e eles, deixando o pai, *puseram-se a seguir Jesus*" (Mc 1,20); "Ele se levantou e *seguiu-o*" (Mc 2,14).

Portanto, o "deixar" não é fim em si mesmo, mas está em função do "seguir". É o verbo *seguir* que caracteriza o discípulo, e não o termo "aprender", muito menos o "deixar". O desapego, o abandono, o deixar constituem o momento negativo; ao contrário, o momento positivo é constituído por aquilo que se tem em contrapartida. Deixa-se uma existência por outra; abandona-se todo o resto para viver a aventura da *sequela Christi*.

A pessoa divina de Jesus investe e envolve de tal modo o chamado que lhe muda o projeto de vida, o modo de viver, de pensar e de agir. Lentamente, o discípulo se encontra com um novo estilo de vida, um novo modo de escolher e de avaliar as coisas, as pessoas e os acontecimentos. O mestre Jesus exerce sobre o discípulo tal poder de atração que se torna irresistível! O apóstolo Paulo dirá de si que foi "agarrado" (*katalambàno*) por Jesus Cristo (Fl 3,12).

Cristo se "assenhoreou" de Paulo, revolucionou a sua vida. E de repente, "por causa de Cristo" (Fl 3,7), aquilo que Paulo tinha e o que era, os privilégios do seu nascimento e da sua educação, as suas qualidades humanas e religiosas, resumindo, tudo aquilo que ele até aquele momento havia avaliado como realidades importantes e preciosas, eram como uma "perda" (Fl 2,7-8), um "prejuízo: "Julgo que tudo é prejuízo diante deste bem supremo que é o conhecimento do Cristo Jesus, meu Senhor" (Fl 3,8).

7.

O Mestre de Nazaré em diálogo

Diálogo: dom da verdade livre e recíproco

Diálogo: palavra mágica e hermética, amada e contestada, procurada e instrumentalizada! Voltou ao palco nos nossos dias, e foi proposta, novamente, também por Paulo VI na encíclica *Ecclesiam suam*, onde indicava a sua fonte e o modo de conduzi-lo: "A este interior impulso da caridade, que tende a fazer-se dom exterior, daremos o nome, hoje comum, de diálogo" (n. 37).

Todo verdadeiro encontro de pessoas acontece no diálogo; toda contribuição de riqueza interior tem-se no diálogo. Por isso dizem os americanos com uma imagem ilustrativa: "Se eu tenho um dólar e você um outro dólar, e os trocamos, no fim ficamos como antes, com um dólar cada um. Mas se eu tenho uma idéia e você uma outra idéia, e as intercambiamos, no fim teremos duas idéias cada um".

No seu significado etimológico, o diálogo é *uma palavra que corre, alternadamente, entre duas ou mais pessoas*, percorrendo um caminho de luz. À medida que o diálogo se desenvolve articulando-se, os interlocutores se iluminam mutuamente com a verdade, se enriquecem reciprocamente e se aproximam cada vez mais espiritualmente até fundir os dois pontos de vista num só. O diálogo, portanto, *é um livre e recíproco dom da luz da verdade que cada um certamente possui*. Aqui, não se somam as posições ou os pontos de vista, mas se integram, se fundem num ponto único, num único ideal, numa só perspectiva. O eu e o tu se unem para resultar um nós.

Elementos essenciais do diálogo são *a palavra* e *a escuta*, às quais correspondem um *tu* e um *eu*. *Tu* e *eu* que não se colocam em planos diferentes, não caem na polêmica e no desencontro, não procuram defender e impor cada um as próprias idéias, mas aceitam o confronto aberto, leal e respeitoso com as idéias "diferentes". E isto não é para todos! Sabe fazê-lo somente quem está disponível a aprender e a modificar o quadro mental. É o pobre de espírito e não o pobre de idéias que sabe acolher pareceres diferentes para enriquecer-se com eles; é o humilde de coração que sabe abrir-se à contribuição dos outros, porque se reconhece necessitado das idéias, das experiências e dos pontos de vista dos outros.

Afirma Paulo VI:

> O diálogo não é orgulhoso, não é pungente, não é ofensivo. A autoridade vem-lhe da verdade que expõe, da caridade que difunde, do exemplo que propõe; não é comando, não é imposição. O diálogo é pacífico, evita os modos violentos, é paciente e generoso... No diálogo realiza-se a união da verdade e da caridade, da inteligência e do amor (*Ecclesiam suam*, n. 47).

O estilo do Mestre

Jesus Cristo, nos seus encontros, e freqüentemente também nos seus discursos, recorre ao diálogo. Ele é, certamente, o "rabi" brilhante que fala não como os outros escribas, e confia sua mensagem à onda viva e quente da sua eloqüência, que conquista e arrasta, mas não se serve do monólogo, e sim do diálogo, para tornar mais vivo e interessante o seu discurso e para envolver, plenamente, os interlocutores; convencido, como está, de que toda verdadeira pedagogia se fundamenta no diálogo.

Mais ainda: com o objetivo de favorecer um clima de diálogo com todos aqueles que encontra, ele opta por colocar-se acima de qualquer partido religioso e político do seu tempo. Assim, pode acolher e encontrar qualquer um (sacerdotes, ricos, políticos, cultos, pecadores, pagãos, prostitutas, leprosos, crianças, pobres...), pode aceitar o convite para um banquete de qualquer um, pode ficar livre acima das partes, sem precisar compartilhar a ideologia de ninguém. A sua suprema aspiração, que não é ditada pelas astúcias da razão, é a de estar atento ao ser humano que lhe está diante, à sua real condição e aos seus dramas, e visa fazer que a comunicação com o outro, encaminhada através do diálogo, se torne comunhão.

O diálogo tem o seu começo, freqüentemente, na descoberta de um ponto divergente entre o Mestre e os seus interlocutores. Às vezes, acusam-no de um gesto seu de amor para alguém, um milagre, uma atitude, uma opção concreta; outras vezes, contestam-lhe alguma declaração que, à primeira vista, é excêntrica, desconcertante, irracional. Ele, ao responder, não se contenta com expor o próprio ponto de vista, mas aceita confrontá-lo com aqueles que pensam diversamente dele.

Então, o diálogo se desenvolve com perguntas e respostas sucintas e incisivas, com argumentos breves e reduzidos ao essencial, que, depois, vão aos poucos se ampliando até tornar-se assertivo, onde não há lugar para a discussão nem para a réplica, mas permanece somente o espaço para o sim ou para o não. A mensagem é oferecida e pede para ser acolhida ou realizada. Na realidade, na escola deste Mestre, não é tanto questão de saber, quanto de "fazer", de "colocar em prática". Deve-se, apenas, notar que, no trecho inteiro, o verbo "fazer" aparece pelo menos quatro vezes (vv. 25.28.37 duas vezes).

O traço pedagógico do "rabi" Jesus está no saber estabelecer uma ponte de entendimento e de diálogo com as pessoas e no conduzi-las, progressivamente, até o ponto de fazer brotar de dentro uma conclusão operacional, prática. Se alguém frustra a conclusão à qual se chegou com esforço e recusa ser conseqüente com a própria consciência, o Mestre não faz posteriores tentativas para convencê-lo, mas fica, respeitosamente, no limiar do recusado, sem perguntas posteriores.

Um texto conhecido do evangelho de Lucas ilustra bem o estilo dialógico de Jesus: 10,25-37. Aqui, dois diálogos entre Jesus e um doutor da lei (vv. 25-29 e 36-37) emolduram a parábola do bom samaritano (vv. 30-35).

O homem da lei faz uma pergunta precisa ao Mestre: "Que devo fazer para herdar a vida eterna?" E logo se desenrola o diálogo entre os dois com perguntas sucessivas: "Que está escrito na lei? Como lês?" O doutor da lei não tem dificuldade para citar o duplo mandamento do amor de Deus e do próximo: "Amarás o Senhor teu Deus [...] e teu próximo como a ti mesmo". Jesus retoma: "Respondeste corretamente. Faze isso e viverás". Mas o outro logo lhe pergunta: "E quem é o meu próximo?"

Nesse ponto, o Mestre não aceita caminhar na linha de um debate acadêmico, abandona a douta indagação e propõe ao interlocutor não uma tese, mas um fato concreto: a história piedosa de um assaltado que é socorrido por um samaritano, isto é, por um estrangeiro. Portanto, a pergunta conclusiva de Jesus: "Na tua opinião, qual dos três foi o próximo do homem que caiu nas mãos dos assaltantes?" O homem da lei responde com sinceridade: "Aquele que usou de misericórdia para com ele". Jesus conclui: "Vai e faze tu a mesma coisa".

A conclusão não admite equívocos: é clara e peremptória. O especialista da lei não tem outras questões para propor ao Mestre, mas percebeu (talvez somente na conclusão) que o extraordinário interlocutor o conduziu gradualmente a identificar o gesto concreto respeitando a sua liberdade.

O diálogo, freqüentemente, se realiza de acordo com a pessoa singular, porque a atenção do Mestre está constantemente voltada para a formação de cada ser humano. Cada ser humano nasce original e não pode viver como dupla, devendo, ao contrário, crescer e desenvolver-se na plenitude irrepetível da sua realidade de pessoa. Ele, por isso, se interessa e se empenha pelo ser humano concreto, interpela-o e se deixa interpelar (cf. Mc 10,17-22; Jo 3,1-15; 4,1-16;...). Mas, mais freqüentemente, o diálogo se desenvolve conforme a pessoa plural. É dirigido à roda dos discípulos ou à multidão ou aos escribas ou fariseus. Então, o diálogo fica apertado, apaixonado, e assume o tom da urgência até chegar à forma imperativa:

Se amais somente aqueles que vos amam,
que recompensa tereis?
Os publicanos não fazem a mesma coisa?
E se saudais somente os vossos irmãos,
que fazeis de extraordinário?
Os pagãos não fazem a mesma coisa?
Sede, portanto, perfeitos como o vosso Pai celeste é perfeito
(Mt 5,46-48; cf. Mt 21,28-32; 22,41-46).

Com o diálogo, ir até a raiz dos problemas

Em cada encontro, descobre-se que entra logo em ação a "paciência de Deus 'que está atenta ao ser humano, às suas lentidões e aos seus problemas. A revelação de Deus não caminha por conta própria: é uma encarnação, e assume o passo do ser humano'" (*I Vangeli*, Cittadella, p. 1.419).

Justamente por isso, o Mestre escolhe a forma dialógica. Não se aventura numa disputa filosófica, não quer impor a verdade vinda de fora, mas prefere recorrer ao diálogo paciente para envolver os ouvintes e depois levá-los a tomar posição e fazer uma opção.

Diante de cada problema, ele se esforça por conduzir os seus interlocutores à questão mais profunda; procura *ir até a raiz do problema*. Toda vez que está envolvido numa questão humano-religiosa, ele rompe com os estreitos espaços culturais dentro dos quais se costuma enquadrar a questão e oferece horizontes mais amplos. Está convencido de que há alguma coisa mais importante para recuperar, alguma coisa que, identificada, ilumina o problema desde os fundamentos.

Os exemplos desse traço pedagógico especial são numerosos. Um dia, alguém apelou para o seu sentido de justiça com o fim de dirimir uma questão de herança (cf. Lc 12,13-21): "Mestre, dize ao meu irmão que reparta a herança comigo". Ele se recusa, decididamente, a intrometer-se em negócios do gênero, mas, ao mesmo tempo, pede aos dois contendores para elevar um pouco a análise e tenta fazer compreender que não é questão de ter mais ou menos na vida; trata-se, ao contrário, de ponderar sabiamente o uso das riquezas, pois a vida não depende dos bens!

Ele faz a mesma coisa com o emaranhado de disposições legalistas sobre o sábado (cf. Mc 2,23-28). O episódio é simples e inocente: os discípulos, no sábado, passando por um campo de trigo, tiram espigas e comem os seus grãos. Imediatamente se acende uma polêmica moralista entre os homens da lei. Mas Jesus se recusa a entrar no terreno de uma controvérsia estéril, e propõe ir mais além no problema para redescobrir o princípio: "O sábado foi feito para o ser humano, e não o ser humano para o sábado". A lei é para o ser humano, por isso não pode ser um jogo, mas deve ser um dom. A lei é para a vida e para o crescimento do ser humano. O Mestre, portanto, evita esgueirar-se por uma parte ou por outra nas questões e também não dar respostas utilitaristas, mas introduz um novo ponto de vista para ir até a raiz do problema. Deixa entender ao interlocutor, claramente, que é preciso uma decisiva e iluminadora volta aos princípios para poder caminhar e enfrentar de modo prático o problema na sua raiz. Reconduz tudo ao coração do ser humano, lá onde acontecem as decisões irreformáveis e as grandes opções.

* * *

Na época da "multidão solitária", em que cada um, mais que "falar", é "falado"; na cultura contemporânea, em que, apesar da comunicação de massa, são realmente poucos aqueles que se comunicam e muitos, muitíssimos, são os atormentados pela solidão; nesta nossa vida cotidiana feita de barulhos ensurdecedores, de conversas banais e vazias, de palavras falsas e desgastadas pelo uso, chegam oportunas as indicações do Mestre para aprender a "libertar a palavra" com amor do mundo interior de muitas pessoas sozinhas, fechadas e mudas, e dar a elas, novamente, a certeza de serem acolhidas e escutadas.

8.

Na escola do rabi Jesus: exames e promoções?

O discípulo de Jesus permanece sempre discípulo

Nas escolas rabínicas, a condição de discípulo era transitória, já que tinha uma finalidade e um fim. De fato, a grande aspiração do *talmid* (aluno) era tornar-se, por sua vez, *rab* (mestre), igual àquele que lhe havia aberto a mente e o coração para compreender e interpretar a Torá (lei) ou, até, tornar-se superior a ele.

Para conseguir tão alta finalidade, enfrentava de boa vontade duros sacrifícios e renúncias de toda espécie. Assim, por exemplo, o célebre mestre Akiba havia abandonado tudo, afetos e haveres, contanto que fosse acolhido em uma escola como *talmid*. De um outro se lê que renunciou de boa mente até casar-se e ter uma descendência, contanto que tivesse, em contrapartida, um dia, muito mais em valores espirituais, justamente através da reflexão e do estudo da *Torá* (cf. *Ket.* b. 62 b).

Na escola de Jesus, ao contrário, não se obtêm promoções de qualquer espécie, não se conseguem títulos e não se torna mestre nunca, mas se permanece para sempre com a qualificação de discípulo, em dependência perene dele. O único mestre é e será sempre ele: Jesus. Ele, de fato, declara, abertamente, aos seus discípulos: "[os escribas e os fariseus] gostam de ser chamados de 'rabi'. Quanto a vós, não vos façais chamar de 'rabi', pois um só é vosso Mestre e todos vós sois irmãos" (Mt 23,7-8). Portanto, para quem segue Jesus, "a condição de discípulo não é o começo de uma carreira prometedora, mas é a mesma realização do seu destino" (J. Rengstorf).

O empenho essencial do *talmid* era de aprender, escutando, tudo o que o mestre dizia e de torná-lo próprio. Por isso a atitude fundamental do discípulo era a da escuta atenta, respeitosa e devota. Quando precisasse, podia fazer perguntas. Ficaram célebres as regras metodológicas ditadas por dois prestigiosos mestres: Hillel e Shammai. Estes excluíam, decididamente, qualquer discussão em favor de uma séria e serena busca de um fundamento exegético para as Sagradas Escrituras e para a tradição oral.

Em sintonia com esse método escolástico, encontramos nos evangelhos que também o Mestre Jesus não faz discussões com os seus discípulos, os quais escutam e, quando muito, se limitam a fazer-lhe perguntas quando precisam de maiores esclarecimentos ou quando têm a impressão de haver compreendido só vagamente. Assim, os discípulos interrogam Jesus sobre o significado da parábola do semeador (cf. Mc 4,10) e Pedro, em nome dos outros, lhe pergunta se a exortação à vigilância, na espera da volta do patrão, é dirigida somente a eles ou a todos (cf. Lc 12,41).

Encontros difíceis para o Mestre

São, ao contrário, relatados pelos evangelhos grandes trechos de discussões entre Jesus e os seus adversários: às vezes, são esses que o provocam; outras vezes, é o próprio Jesus que desperta acalorados debates. Assim, em Marcos 2,23-28 o assunto é a lei do repouso sabático, mas Jesus não se contenta em permanecer, nem em se mover no terreno árido da polêmica. Desfere duros golpes de machado na moita espessa da casuística rabínica para reaver ao ser humano a liberdade interior e afirmar, com clareza, que "o sábado foi feito para o ser humano, não o ser humano para o sábado" (Mc 2,27).

E é ainda Marcos (3,1-6) que nos informa que Jesus, num dia de sábado, na sinagoga, cura um homem que tinha a mão seca. Foi o suficiente para desencadear uma acirrada discussão com os "legalistas", os quais estão mais preocupados com a observância da lei do que com a saúde do homem, mais com elas do que com uma vida. Justamente Marcos, sem preocupar-se em atribuir a Jesus certas emoções, faz notar que, com olhar cheio de malícia dos adversários, se encontra o olhar cheio de indignação de Jesus: "Lançando sobre eles um olhar irado, disse..." (3,5) (cf., também, Mc 4,1-9).

Portanto, discussões acaloradas, polêmicas exaltadas com os adversários, não, porém, com os seus apóstolos, que são, simplesmente, seus *ouvintes* (em grego: *akùontes*); abrem-se para escutá-lo com os ouvidos, com o coração, com o espírito, com a mente e com todo o ser; deixam-se atingir no segredo da vida e nas profundezas do coração; dispõem-se, com humilde docilidade, a fazer calar os pensamentos, fantasias, recordações, medos, dúvidas, preocupações... para se tornarem permeáveis à ação da sua palavra.

Por isso o discípulo de Jesus está tão empenhado em compreender, intelectualmente, os discursos e as palavras do Mestre; mas, sobretudo, deve acolhê-los com disponibilidade aberta, como o solo arado acolhe o grão de trigo. Permanecer na sua palavra (Jo 8,31) e traduzi-la na vida (Mt 7,24) é a advertência que se ouve continuamente nessa escola singular.

O discípulo deve aprender a entregar-se, lentamente, à ação discreta e implacavelmente penetrante da palavra, a fim de deixar-se permear em todas as fibras do próprio ser; deve aprender a estabelecer um contato contínuo com a palavra, uma assimilação lenta e progressiva, para deixar-se transformar em criatura nova.

Momentos difíceis para o discípulo

A palavra de Jesus, que é Palavra de Deus, supera de longe a capacidade e as exigências do discípulo; este ficará sempre "aquém" do mistério e da riqueza inexaurível da palavra, e não se tornará, nunca, o seu *senhor*, mas será somente um seu modesto *servidor*. É, ao contrário, a palavra que serve de *senhora* para o discípulo. A palavra não lisonjeia, nem louva, nem convida para o desempenho, mas incomoda, inquieta as consciências, repreende, sugere respostas, provoca tomadas de posição, rasga o véu das aparências, desmascara as hipocrisias, ilumina as zonas mais escondidas do estreito interesse pessoal. E transfigura.

E não é pouco o incômodo e o constrangimento que, de vez em quando, os discípulos deixam aflorar, às voltas com a palavra: eles *não compreendem* (Mc 4,13); *têm o coração endurecido* (Mc 6,52); *não compreendem nada* (Lc 18,34); ficam desconcertados *e cheios de medo* (Mc 10,32).

Talvez as palavras do Mestre sejam como uma imprevista tempestade furiosa que abala e faz precipitar na escuridão. É o caso do primeiro anúncio da Paixão (cf. Mc 8,31-33). Pedro, os outros e, em geral, os judeus suspiram pela vinda do reino messiânico, e com ele a libertação do jugo romano, o fim de todas as angústias, a volta do antigo esplendor e do poder de Davi, o triunfo de Israel sobre todos os povos e o domínio de Javé e da sua lei no mundo.

Espera-se e acredita-se que desse modo tenha fim, a longa noite de uma história de horrores, e os sonhos longamente acariciados estejam para tornar-se realidade. Ao contrário, sonhos e esperanças se quebram contra a dura e escura mensagem da Paixão, de zombarias, de escarros, de flagelação, de cruz e de morte do Messias. Por isso Pedro se revolta, aberta e violentamente ante a perspectiva do sofrimento e da derrota; tanto assim que Jesus deve repreendê-lo duramente, designando-o com o epíteto de *satanás*.

Mais ainda: num posterior anúncio da Paixão feito por Jesus, o evangelista Lucas observa, expressamente, que os discípulos "nada compreenderam de tudo isso: o sentido da palavra lhes ficava encoberto e eles não entendiam o que lhes era dito" (18,34). As palavras sobre a Paixão são de uma clareza meridiana; no entanto eles não as compreendem, porque as palavras ouvidas vão contra todas as expectativas de glória. A mensagem de sofrimento vai contra a sua idéia de Deus, contra o seu ideal de ser humano, contra a sua concepção do papel especial do povo eleito; resumidamente, contra todo o seu modo de pensar.

Para eles, a loucura da cruz é, por enquanto, somente loucura. Vêem somente o dia, mas não a noite, da qual somente pode despontar a luz do dia. Escutam a mensagem da vida, mas não sabem que somente a morte leva a essa vida. Sonham somente com a vitória e não querem compreender que a derrota realiza essa com a vitória. Os caminhos de Deus são para eles ainda desconhecidos, e ainda totalmente estranhos os métodos de Deus. Eles se preparam para ir com Jesus para Jerusalém. Mas quão diferente é a sua passagem pela cidade dos profetas e a viagem deles com ele, que não compreendem! (A. Gutzwiller).

Realmente, a palavra de Jesus continua a desconcertar muitos ainda hoje. E não poderia ser diferente! Ao discípulo de cada tempo, não é realmente fácil estar na escola da Palavra. Aí, tudo se torna exigente e pessoal. A Palavra é dirigida a você, pessoalmente, declara-lhe quem é e o que faz; fala justamente de você e dos seus problemas; narra a sua vida e a sua história; revela-lhe o projeto de amor que o Mestre reservou para você.

9.

A finalidade narrativa das parábolas

Jesus, inventor da parábola?

Não propriamente! A parábola era conhecida na literatura clássica grega. Foi usada por Sócrates para fins pedagógicos nobres e teve de Aristóteles a formulação definitiva com cânones literários precisos, com base na estilística própria da narrativa popular. Nos círculos rabínicos, a parábola encontrou um largo uso com segredos especiais e gostos narrativos e com riqueza de imagens. Ficaram célebres os mestres Hillel, Shammai, Eliezer, Johanam ben Zakkai (contemporâneo das primeiras comunidades cristãs), os famosos rabi, Aqiba (110-135 d.C.) e Meir (130-160 d.C.). Deste último se conta que tinha uma fantasia tão exuberante, que estava em condição de contar mais de trezentas parábolas sobre um único tema e que com a sua morte haviam desaparecido as finalidades narrativas de parábolas.

Sabemos, além disso, que no Antigo Testamento foi muito seguido o filão literário do ensinamento em parábolas. Um exemplo clássico é o da narração que o profeta Natan prepara para o adúltero Davi e que se conclui com a dura repreensão que o profeta lhe dirigiu (cf. 2Sm 12,1-12).

O termo hebraico consagrado para indicar a parábola era *mashal*, cujo significado fundamental é *confronto, comparação*, que depois, em cada texto, se explicita nos termos de "parábola, sentença, alegoria, semelhança, provérbio e enigma". A larga difusão do uso da parábola na literatura rabínica levou, também, a fixar um esquema, que foi muito útil nas sinagogas para ajudar o povo eleito a aplicar a Torá (lei) à vida diária e também nas discussões acadêmicas para resolver intrincadas questões de interpretação do texto sagrado. O esquema era articulado assim:

1. Começava-se com dizer que se ia propor uma parábola: *Vou lhe contar uma parábola.*

2. Seguia-se uma pergunta retórica: *Esta coisa é semelhante a quê?*

3. Dava-se a resposta à pergunta: *É semelhante a... um rei, a uma pérola...*

4. Concluía-se com uma sentença: *Assim, os últimos serão os primeiros...*

A conclusão constituía o "vértice" da narração ou o ponto de confronto. Às vezes, interrompia-se bruscamente para estimular a reflexão e fazer opções precisas.

O Mestre de Nazaré, embora se reconhecesse herdeiro dos profetas e da genuína tradição dos mestres anteriores, imprime às suas parábolas uma decidida linha tradicional de conteúdos e de arte, de modo a fazê-las resultar como fruto de um gênio único! Aqui, ele propõe a sua riqueza imaginativa e poética e a sua habilidade de narrador; e é aqui que é dada a medida clara da originalidade da sua pedagogia.

Assim, enquanto a palavra na cultura grega era concebida em função de um ensinamento filosófico, elaborado em um contexto acadêmico, distante da realidade da vida concreta, e a parábola rabínica punha em cena personagens sem vida, em um estilo esquemático árido e artificial, Jesus, nas suas parábolas, propõe seres humanos e coisas palpitantes de vida, com intensidade de luz e de calor. As suas narrações são autênticas obras-primas pela variedade dos temas, pela sobriedade das descrições, a linearidade das composições e a transparência e profundidade das mensagens.

A ausência de qualquer pedantismo e sutileza, a facilidade, a segurança, o gosto, a riqueza de imaginação e a eficácia de penetração, conferem à eloqüência de Jesus uma espontaneidade, uma força e um valor também artístico inigualável. Tudo ele diz sem superficialidade e sem ficção, com uma busca do essencial que encontra, sempre, a expressão mais feliz e mais convincente (S. Garofalo, *Gesù Maestro*, p. 59).

A parábola (do verbo grego *parabàllein*, "lançar sobre, colocar ao lado, confrontar") é uma comparação ou um confronto entre uma situação da vida diária e uma realidade da vida do espírito. Isto é, ao lado de um acontecimento da realidade terrena conhecido por todos, é colocada uma situação de natureza religiosa menos evidente e menos conhecida, para que seja mais iluminada e bem compreendida.

Assim, o Mestre chega, abundantemente, ao cenário da terra que o acolheu e que ele percorreu por todo canto como apóstolo. Os assuntos para as suas parábolas são tirados das coisas habituais da vida de cada dia, dos humildes instrumentos que tecem a trama do cansaço cotidiano dos pescadores, dos pastores, dos artesãos, dos camponeses, dos trabalhadores braçais, dos operários, e das realidades que fazem as horas sempre iguais da mulher, em casa, na fonte ou na moenda.

Ele se serve de tudo para tornar acessível a qualquer um os seus ensinamentos elevados e sublimes. Serve-se da pobre flora e fauna da Palestina. Assim, de vez em quando, são assuntos para os seus encontros com a multidão: o fio de erva e o lírio dos campos, o grãozinho de mostarda, o broto da figueira, o trigo e o joio; e ainda os passarinhos festivos e esvoaçantes, o rebanho e o lobo, a galinha, a pomba, o caruncho, o jumento manso e a insidiosa serpente.

Através das realidades humildes de cada dia e com uma linguagem simples e acessível a todos, o Mestre anuncia "as suas palavras de vida eterna", "palavras de graça" (At 13,26), palavras que proclamam uma lei nova, que convidam a um arrependimento sério e exigem frutos de justiça e de caridade. São palavras não somente escutadas, mas que pedem, sobretudo, para ser vividas.

Alguns traços pedagógicos do ensinamento em parábolas

O Mestre de Nazaré recorre a esta forma singular de mediação para expressar e comunicar o *caráter dinâmico* das realidades espirituais que anuncia. Assim, para apresentar aos seus ouvintes o tema novo e difícil do "Reino dos Céus", não recorre à imagem de um edifício já terminado ou de uma paisagem para contemplar e usufruir, mas a imagens que indicam crescimento, desenvolvimento, movimento, dinamismo; busca, isto sim, alguma coisa que não está nunca terminada, nunca está feita, mas que deve ser feita... Por isso, "o Reino dos Céus" é semelhante a uma semente, a um grãozinho de mostarda, ao pão que fermenta, a uma vinha onde o trabalho é efervescente, a um tesouro ou a uma pérola que deve ser procurada.

E a força de convicção, ele a pede à experiência dos ouvintes mais que à carga persuasiva da autoridade dos mestres ou dos textos bíblicos comentados, como se costumava fazer nas parábolas dos rabinos. Para ele é a experiência vivida, é a prática o ponto sobre o qual se deve basear para abrir caminho nas consciências.

Por isso, prefere confiar a sua mensagem não às idéias abstratas, mas *ao comportamento ou à ação* do personagem apresentado e descrito na cena. Assim, chama a atenção do leitor e tem força de convicção *a caridade* do samaritano (Lc 10,25-37), *a astúcia* do administrador (Lc 16,1-13), a vida luxuosa do rico que se banqueteava (Lc 16,19-31), *a vigilância* ativa ou distraída das virgens previdentes e das descuidadas (Mt 25,1-13), *a preguiça* do servo que enterra o talento (Mt 25,24-30), *a prudência* do rei que pondera as suas possibilidades antes de se empenhar numa guerra (Lc 14,31-33).

E é assim que as suas parábolas atingem o ser humano nas situações concretas, envolvendo-o no itinerário da verdade que deve ser acolhida e vivida. Tal procedimento pedagógico singular se torna um meio inteligente de diálogo entre Jesus e os seus ouvintes, aos quais, com fino tato psicológico, atribui um papel na trama da parábola; e por isso mesmo se sentem diretamente interpelados e envolvidos: "Quando seus ramos (da figueira) vicejam e as folhas começam a brotar, *sabeis* que o verão está perto" (Mc 13,28); "*Que vos parece?* Se alguém tiver cem ovelhas, e uma delas se extraviar..." (Mt 18,12); "*Quem de vós* pode, com sua preocupação, acrescentar um só dia à duração de sua vida?" (Mt 6,27); "*Na tua opinião, qual dos três* foi o próximo do homem que caiu nas mãos dos assaltantes?" (Lc 10,36).

O interlocutor é solicitado a declarar o seu parecer e a fazer uma opção concreta de vida, que esteja em harmonia com a verdade que brotou límpida da parábola, evitando, assim, as complicações das discussões estéreis. "Não basta uma simples aquiescência intelectual, é preciso que o ouvinte faça a sua opção, uma opção que o leve a aceitar o ponto de vista do narrador" (J. Dupont, *Il método parabolico di Gesù*, p. 38).

E é este o ponto mais delicado e mais difícil, porque obriga a refletir, a fazer avaliações concretas e a passar à fase operacional. E não são todos que encontram a coragem de olhar-se "dentro" e de modificar situações de vida. São sempre poucos os seres humanos que não têm medo das conclusões que comprometem uma vida, aceitando serem conseqüentes, custe o que custar! Do escutar à reflexão, da reflexão à decisão há, no meio, o espaço vasto e profundo das dificuldades e dos medos.

No entanto, Jesus não faz violência às mentes e às consciências. Nada é imposto nos seus encontros. Ele não proclama *ex cathedra* as suas mensagens, mas as propõe, as oferece, coloca-se na escuta com o interlocutor e caminha junto com ele para a verdade. Essa incomparável pedagogia divina comove. É maravilhoso descobrir as múltiplas atenções do Mestre que caminha com o ser humano e mede o seu passo conforme o do companheiro de viagem, de cada discípulo seu. Assim, esse modo de formar se torna uma lição clara para as nossas intemperanças, para as nossas pressas e para a nossa incapacidade de esperar.

10.

As palavras exigentes do Mestre

Por que Jesus não escreveu?

Esta pergunta poderia parecer inútil, no entanto tem implicações teológicas interessantes. Poder-se-ia pensar: se Jesus tivesse registrado num papiro ou num pergaminho as linhas essenciais da sua doutrina, teríamos podido gozar de certezas ainda mais firmes e teríamos assimilado verdades de vida e de fé garantidas ao máximo. No entanto ele não o fez.

Alguém poderia dizer que Jesus pelo menos uma vez escreveu uma mensagem! Foi por ocasião da festa das cabanas, quando os escribas e fariseus lhe trouxeram uma mulher tremendo de pavor: fora surpreendida em adultério. É uma adúltera (cf. Jo 8,1-11). Às astutas e frias insinuações dos acusadores, Jesus não dá nenhuma resposta, mas "se inclina e com o dedo escreve na terra (*katègraphen eis ten gèn*)". Que terá escrito? Provavelmente tenha traçado somente sinais no chão para dar espaço ao silêncio e deixar aflorar nos acusadores o desejo de ouvir palavras novas de julgamento e de perdão que eles não teriam sequer ousado imaginar. Portanto, Jesus não escreveu nada!

Exatamente! Porque ele, mais do que querer ser autor de livros volumosos como muitos escritores, escolheu ser, exclusivamente, uma *autoridade* autêntica e garantida. Quis que os seres humanos sedentos de verdade fossem conquistados não pela sua obra escrita, mas pela sua pessoa. Sabe-se, realmente, que a herança literária de um escritor termina, freqüentemente, sobrepondo-se à sua vida, escondendo-a. Assim, por exemplo, os escritos de Cícero contam muito de sua biografia; de Sócrates, ao contrário, que não deixou nada de escrito, vale unicamente a sua pessoa, a fama da sua sabedoria aguda, a sua dedicação intrépida à verdade.

Jesus não quis que entre ele e os seus discípulos se interpusesse o véu, por mais sutil e transparente, de um escrito seu. Preferiu escrever as suas verdades divinas não no papel, mas nos espíritos e nos corações vivos, onde depois os seus ternos cuidados e o seu intenso amor teriam feito germinar uma vida viçosa.

Ele não é um filósofo que depois de anos de deserto e de reflexão propõe as próprias descobertas e conquistas interiores, mas "é o caminho, a verdade e a vida" (Jo 14,8). Ele é o único que na complexa história dos seres humanos pode identificar-se com a verdade que anuncia. Não ensina uma doutrina nova, mas apresenta a novidade absoluta de si mesmo, da sua Pessoa. Ele é o caminho. Por isso não é um dos tantos caminhos da vida, mas é o único. Sem ele, ninguém sabe para onde caminhar, nem para onde orientar os próprios passos. Sem ele se está perdido. Ele é a verdade. Por isso fora dele há somente erro e engano. É a única verdade, não somente porque ele diz a verdade e as suas palavras são verdadeiras, mas ele possui a verdade, é a sua única fonte original.

Ele é a vida; ele a possui em plenitude. Longe dele não há vida, mas morte; toda realidade que não é ele leva em si os germes da decomposição. É ele, portanto, o ponto de atração para todo ser humano que não procura brincar com a verdade, mas salvar-se na verdade, "praticando a verdade" (Jo 3,21). As palavras que ele pronuncia são uma coisa só com ele, por isso são verdadeiras e sempre novas, são "palavras de vida eterna" (Jo 6,60-68), mesmo quando são "duras" de entender e "exigentes" quando vividas. Ler tais palavras, hoje, é ainda escutá-lo, encontrá-lo e tocar nele.

Cristo nos fala na sua língua

Quando ele decidiu "armar" sua morada ao lado da nossa, para viver conosco, não nos falou na nossa "língua", que é de felicidade terrena, de mediocridade e de egoísmos. A sua língua é coisa totalmente diferente, é de lá de cima, e nos é sumamente difícil aprendê-la. Exige um exercício longo e paciente. É a "língua" do sacrifício, da renúncia, do sofrimento, da purificação e da fé. No entanto, quando, aos poucos, nos abrimos para acolhê-la e entendê-la, acaba abrindo ao nosso espírito horizontes inimagináveis de felicidade e de vida.

As mensagens que nos envia nessa sua "língua" são tão vivas, tão novas e exigentes, que não são apenas escutadas, mas, sobretudo, acolhidas e assimiladas. Os evangelistas concordam quando usam, a respeito, os verbos acolher e receber (em grego: *déchomani* e *lambànein*). São verbos que não se referem a uma mera atitude passiva do ser humano diante da mensagem, mas exigem uma resposta pessoal e imediata, num dinamismo interior intenso:

- Mc 4,20: "E os que foram semeados em terra boa são os que ouvem a palavra e a *acolhem*, e produzem frutos: trinta, sessenta e cem por um".

- Lc 8,13: "Os que ficam sobre as pedras são os que ouvem e *acolhem* a palavra com alegria, mas não têm raízes".

- Jo 12,48: "Quem me rejeita e não *acolhe* as minhas palavras, já tem quem o julgue: a palavra que eu falei".

- Jo 17,8: "Eu lhes dei as palavras que tu me deste, e eles as *acolheram*".

A sua mensagem é um apelo firme, voltado a cada pessoa para um empenho sério a fim de penetrar na profundidade do próprio ser e para mudar radicalmente. Não se trata, então, de como lidar com novas idéias, mas de aceitar uma nova mentalidade, uma nova capacidade de avaliar seres humanos e coisas. Não é tanto questão de familiarizar-se com uma "mensagem" quanto de acolher uma "mensagem", uma Pessoa: Jesus Cristo.

Ele é a Palavra que é encontrada no terreno do empenho, da ação, da prática da vida. Esta Palavra é uma realidade concreta. Recorde-se como são interpelados os trabalhadores desocupados na parábola dos vinhateiros: "Por que estais aí o dia inteiro desocupados?" (Mt 20,6); ou a parábola dos talentos, na qual é severamente punido aquele que se limitou a guardar o seu talento, sem negociá-lo (Mt 25,14-30); ressoam ainda as severas palavras do Senhor: "Nem todo aquele que me diz..., mas aquele que põe em prática:... entrará no Reino dos Céus" (Mt 7,21; cf. Lc 11,28). *É menos que nada* limitar-se a dizer "Senhor, Senhor"; *é muito pouco* se declarar querer fazer a vontade de Deus; *é tudo* se nos dispomos concretamente a pô-la em prática. A única verdadeira resposta à Palavra é a ação, são os fatos. "Jesus falou — escreve Bonhoeffer —, a ele a Palavra, a nós a obediência" (*Sequela*, Brescia, 1961, p. 175). A palavra pede para tornar-se realidade, concretude, acontecimento em nós.

De resto, Jesus reconhece como seu discípulo somente aquele que faz a vontade do Pai (cf. Mt 12,49). Todo o seu anúncio é permeado de deveres a serem cumpridos. O Evangelho não é uma "fonte" de informações fáceis e tranqüilizadoras, mas um código de empenhos e de fidelidade a toda prova.

Jesus sabe o quanto vale uma vida, a nossa vida; por isso, não se apresenta a nós com projetos morais medíocres, abstratos, utópicos, mas expõe com firmeza as exigências concretas que devem ser atuadas para se chegar ao seu Reino. De cada um espera uma resposta livre, plena, sem arrependimentos e concessões. É óbvio que a resposta não pode constituir uma orientação genérica nele ou um desejo fraco e fragmentário, mas comporta uma decisão vital, com marcante confrontação na prática cotidiana.

Ele coloca no coração de cada existência humana um imperativo categórico: *pôr em prática* (Mt 7,21); no coração de toda ação pequena ou grande, espetacular ou escondida, coloca a finalidade de consciência: *faça de dentro para fora* ("O teu Pai vê no escondido") (Mt 6,4–6,18); no coração de toda intenção mais escondida, coloca o amor como norma suprema: *fazer por amor* (Mt 22,40); no coração de todo ato de amor, coloca a exigência absoluta: fazer sem reservas (Lc 6,36).

Assim é o Deus da Bíblia. Assim é o Deus da história. É o Deus dos acontecimentos prodigiosos e das intervenções zelosas. E a revelação se realizou não somente mediante a palavra-anúncio, mas também e, sobretudo, mediante acontecimentos: eloqüência de mensagens não separável da eloqüência das obras (cf. *Dei Verbum*, n. 2). Jesus Cristo se coloca nessa linha para realizar e completar a revelação: ele sobe ao palco da história da salvação com sinais e prodígios, com palavras e obras (cf. *Dei Verbum*, n. 4).

11.

As palavras provocadoras do Mestre

"A Palavra de Deus é como uma espada"

"O Evangelho não é domesticável", afirma um autor dos nossos dias; "a Palavra de Deus não aceita ser amordaçada", acrescenta Paulo (2Tm 2,9); "a Palavra de Deus é viva, eficaz e penetrante", declara o autor da Carta aos Hebreus (Hb 4,12). Essa "palavra" não tem idade, é sempre jovem e nova, e chega com força irresistível para renovar todas as coisas. É uma "palavra" que contesta e coloca em crise as nossas palavras pobres, barulhentas e vazias. A Palavra é Cristo!

O seu ensinamento é revolucionário. Coloca em crise as estruturas do legalismo judaico: reconduz para os seus justos espaços a lei escrita e rejeita totalmente a *halakà*, ou tradição da lei oral. Sua suprema aspiração não é substituir uma lei por outra, mas um ser humano por outro, renovando-o, libertando-o e promovendo-o.

Aos escribas e fariseus, interessava a lei e a tradição; ao Mestre de Nazaré, o ser humano; por isso rejeita, decididamente, medir as pessoas com o metro da própria posição social. Para ele, todos os seres humanos são iguais. Isso é reconhecido também pelo fariseu que quer pô-lo à prova:

"Mestre, sabemos que és verdadeiro e que ensinas o caminho de Deus segundo a verdade. Não te deixas influenciar por ninguém, pois não olhas a aparência das pessoas" (Mt 22,16).

Afirma uma ordem nova nas relações dos seres humanos com Deus e entre eles. Não se limita a exigir atos externos corretos, mas leva as suas exigências evangélicas até as raízes mais profundas do ser, tornando o ser humano o único responsável pelos próprios pensamentos, pelas ações e pelas opções de vida.

O seu discurso sobre o Reino não é sereno nem pacato, mas sim provocador, cortante como uma espada. Às vezes, as suas palavras transpassam o coração como uma flecha; não se perdem pelo ar como o som ou a fumaça, mas abrem caminho "dentro" e não deixam em paz ninguém, nem mesmo aqueles que quereriam subtrair-se a elas. O encontro com a Palavra não deixa ninguém indiferente. O Mestre propõe um problema inquietador que, lentamente, envolve o interlocutor até colocá-lo todo dentro da questão. Quem tem a ventura de encontrá-lo e escutá-lo, sente aflorar do profundo do ser uma pergunta clara que não pode ser evitada, nem entendida levianamente: Quem é este? Freqüentemente, Marcos, no seu evangelho, anota as reações de assombro, de maravilha, de admiração e também de temor, quando Jesus fala ou realiza milagres ou, de alguma forma, mostra o seu poder (cf. Mc 1,22-27; 4,41; 6,2-3...):

- 1,27: "Que é isto? Um ensinamento novo, e com autoridade."
- 4,41: "Quem é este, a quem obedecem até o vento e o mar?"
- 6,2: "De onde lhe vem isto?", diziam. "Que sabedoria é esta que lhe foi dada? E esses milagres realizados por suas mãos?"

As interrogações não são simples recurso retórico, mas visam provocar o leitor. Aquilo que aconteceu num tempo distante deve continuar "falando" ainda hoje. Assim, quando os discípulos, com o recrudescer da tempestade no lago de Genesaré, perdem o controle da própria barca e suplicam, desesperadamente, a intervenção de Jesus; ele dá uma ordem e logo os discípulos se reencontram numa barca que desliza tranqüila. As águas do lago se acalmaram, mas agora desencadeia-se uma outra tempestade, dessa vez no coração dos presentes.

À calma das águas se opõe o pavor dos discípulos:

Eles sentiram grande temor (em grego: *efobèthesan fòbon mègan*) e diziam uns para os outros: "Quem é este?" (4,41). É um temor misturado com estupor, medo, respeito e amor por Jesus. O medo e a inquietante interrogação daqueles que tiveram a ventura de encontrar-se ao lado de Jesus naquele momento chegam até o leitor de hoje e o obrigam a fazer-se a mesma pergunta com seriedade e urgência: "Quem é este?".

A sua presença e as suas palavras soam como um desafio para todos. Não é difícil perceber, em profundidade, o alcance realmente revolucionário e, ao mesmo tempo, a extrema seriedade que ele anexa aos vários anúncios. A sua mensagem emerge, simultânea e extremamente, benéfica para aqueles que estão derrotados; fortemente desorientada para aqueles que a rejeitam, ousadamente provocante para aqueles que são chamados a rever as posições com radicalidade de perspectiva (cf. C. Bissoli, *I giovani e la Bibbia*, p. 150).

O radicalismo evangélico

Jesus é promotor exigente do radicalismo. Não admite meias medidas, a mediocridade, as acomodações, os compromissos, as reservas. Pede o dom total da vida do ser humano. Propõe um radicalismo que deve ser, para todos, de marca genuinamente evangélica. Por isso é intransigente e penetrante com as suas propostas:

- Mt 12,30: "Quem não está comigo, é contra mim".
- Lc 16,13: "Não podeis servir a Deus e ao dinheiro".
- Lc 12,49: "Fogo eu vim lançar sobre a terra, e como gostaria que já estivesse aceso!"

- Lc 14,33: "Qualquer um de vós, se não renunciar a tudo o que tem, não pode ser meu discípulo".
- Mt 7,14: "Como é estreita a porta e apertado o caminho que conduz à vida, e poucos são os que o encontram!"

Jesus não conhece equilibrismos políticos ou diplomáticos; não é jamais como alguém que se veste de conciliador ou que aponta o caminho do meio ou que projeta mediações religiosas. Não! Ele não procura as acomodações nem o caminho do meio, mas está sempre do lado do fraco, do pobre, do humilhado. Está do lado do publicano, contra o fariseu (Lc 18,9-14), do lado das crianças, contra os discípulos inconformados (Mc 10,13-16), do lado da adúltera, contra os acusadores puritanos (Jo 8,1-11), do lado de Madalena contra Simão, o fariseu (Lc 7,36-50).

Aqui, o adágio latino *in medio stat virtus* não se concilia com o seu radicalismo mais autêntico. Cristo pede tudo àquele que é chamado a segui-lo. Pede um amor sem medida, uma doação sem reservas, uma disponibilidade sem condições, um abandono a ele sem hesitações.

É justamente por isso que o seu "projeto de vida" se coloca em situação de conflito, de desafio provocador em relação a outros projetos, construídos sobre outros parâmetros. A novidade que ele anuncia é tão verdadeira, profunda e absoluta que é incompatível com a mentalidade corrente e retrógrada. A sua mensagem é "roupa nova", é "vinho novo" (cf. Mc 2,18-22). As formas velhas não são, realmente, compatíveis com a novidade evangélica.

Nas seis antíteses relatadas por Mateus, Jesus radicaliza, critica e supera certas prescrições da antiga lei escrita; coloca-se tão abertamente em contradição com a lei que é quase um "blasfemo" para o imobilismo hebraico: "Ouvistes o que foi dito... Ora, eu vos digo" (Mt 5,21-48). Não hesita em abalar desde os fundamentos todo o edifício religioso, porque tudo deve ser novo. Quem escolhe viver a aventura da própria vida com ele não deve dispor-se a aceitar algum retoque de embelezamento, mas deve fazer uma transformação radical de modo a ser completamente novo, um ser humano novo, revestido de Cristo. No novo projeto de vida, alguns preceitos são ditados por Jesus de forma paradoxal, não porque devam ser traduzidos em gestos concretos na vida de cada dia, mas para que permaneçam como princípios inspiradores da nova existência e ressaltem mais a idéia que inculcam. Assim acontece, por exemplo, quando o Mestre ordena peremptoriamente: "Se teu olho direito te leva a pecar, arranca-o e joga-o para longe de ti!...; se a tua mão direita te leva a pecar, corta-a e joga-a para longe de ti" (Mt 5,29-30); igualmente se pode dizer da ordem de oferecer a outra face (Mt 5,39) ou do "ódio" para com os próprios parentes para quem é chamado ao seguimento (Lc 14,26). Com a violência das expressões, o Mestre quer afirmar a decidida resolução que deve guiar o ser humano novo em cada opção de vida.

Nas controvérsias com os escribas e os fariseus, com os saduceus e os herodianos, ele segue um critério psicopedagógico interessante articulado em três momentos; a discussão começa por causa de uma objeção dos seus adversários ou por um prodígio ou um fato excepcional realizado por ele; segue-se uma contra-objeção de Jesus que reduz ao silêncio os adversários; conclui-se com uma declaração sua solene e firme.

Toda a narração está ordenada para esta afirmação conclusiva, que é como o vértice da argumentação de Jesus. Propomos uma constatação concreta em Mc 2,1-12: Jesus cura um paralítico em Cafarnaum e lhe perdoa também os pecados. Os seus irredutíveis adversários procuram dificultar-lhe; tentam, inutilmente, neutralizar a força avassaladora de sua "palavra". Observamos o esquema dos três momentos indicados que também encontramos em Mc 2,13-17; 2,18-22; 2,23-30; 3,1-6...:

• vv. 1-5: A multidão se acotovela à porta da casa onde Jesus está. Algumas mãos amigas levam um paralítico até ele, mas como agora é simplesmente impossível colocá-lo diante de Jesus, pensam em fazer um buraco no teto e descem a maca até na frente de Jesus, que logo dá o perdão de todas as culpas para aquele infeliz.

- vv. 6-7: Esse gesto desperta, imediatamente, a reação dos adversários contida em pensamentos "obscuros": "Como pode ele falar assim? Está blasfemando. Só Deus pode perdoar pecados". Na infeliz tentativa de impedir que se espalhasse a verdade, apelam para a sua teologia árida, baseados no fato de que nada deve mudar, nunca.

- vv. 8-12: Jesus lê os seus pensamentos e os provoca para que apareçam, venham às claras: "Por que pensais essas coisas em vosso coração?" Depois, realiza o milagre e se apresenta como aquele que liberta o ser humano do mal total, no físico e no espírito. Não tem medo de enfrentá-los no terreno dos fatos e oferece uma prova irrefutável, colocando em pé o paralítico; com esse prodígio confirma que também os pecados foram perdoados. Aos adversários, resta o esforço de tirar a conclusão sobre Jesus de Nazaré.

É, realmente, uma "palavra" inquietante e inconfundível a sua; escutá-la não é como exercitar-se em discussões acadêmicas asfixiadas ou em inócuos exercícios teológicos, mas é um dever passar por um julgamento rigoroso. É uma palavra que penetra por todo lado, fere e corta aquilo que não serve. Enquanto aproxima do ser humano, progressivamente, o mistério de Deus, revela o mistério do ser humano, colocando a descoberto contradições, fraquezas, medos, incertezas e rejeições. É uma palavra que rasga o véu das aparências para trazer à luz a verdade.

12.

Pedagogia das imagens evangélicas

A imagem "fala" ao ser humano todo

O ser humano que primeiro começou a sentir a necessidade de comunicar as riquezas do próprio mundo interior recorreu a imagens e se expressou mediante o reconhecimento de objetos: casas, estradas, campos, árvores, seres humanos etc. As imagens foram a linguagem dos simples, e tiveram larga acolhida no mundo oriental.

Antes, sucessivamente se percebeu uma considerável distância entre a estrutura mental de um indivíduo do lado do "sol nascente" e de um ocidental. Assim, onde este expressa um pensamento em conceitos abstratos e o expõe com lógica, o oriental se expressa em imagens e apresenta quantas encontrar para indicar, talvez, apenas uma realidade. A sua comunicação é rica de imagens, alusões, comparações, metáforas, parábolas e repetições. Pode-se afirmar que, onde nós pensamos com "idéias", eles pensam com "imagens". Em muitos santuários do Oriente podem ser admiradas antigas escritas pictográficas que, ainda hoje, encantam a imaginação de uma estrutura mental menos cerebral que a nossa e com fantasia mais viva.

A parábola — e o discurso do oriental, em geral — está na linha da imagem e tem o mérito de exercer sobre os ouvintes uma sugestão e uma eficácia únicas.

Aqui, a imagem clara, nítida, tirada da experiência, acessível a todos, se superpõe a uma idéia menos acessível, com o objetivo de esclarecer e tornar atraente a idéia abstrata. De resto, sabemos bem, por experiência, que, quando se quer chamar a atenção de um auditório muito parado, de bom grado recorremos à linguagem das imagens.

Todos devem conhecer o gracioso episódio do explorador europeu que, na presença de um grande grupo de árabes numa cidadezinha africana se vangloriava de ser ateu. Mas uma caça estava programada para alguns dias depois. Durante a volta de reconhecimento pela floresta africana, ele esteve acompanhado por um guia experiente: um árabe devoto, que, nas horas prescritas pelo Alcorão, parava recolhido para as suas devoções.

"Você já viu Alá, para crer nele?", pergunta ao muçulmano. A pergunta é provocadora, constrangedora e desorienta um pouco o guia, que se cala todo mortificado.

Indo mais adiante, a uma centena de metros, apareceram logo, bem visíveis ao longo do atalho, as pegadas de um leão; o explorador começa a tremer todo. Então, o árabe, respeitosamente, tira a desforra e, voltando-se para o outro, pergunta: "Você viu o leão passar?" "Não, mas vejo as suas pegadas!" "Portanto, basta perceber estes traços para lançar-se na angústia? Das pegadas você sabe deduzir a presença de um animal e não sabe perceber o Criador, admirando as suas obras?"

As imagens fazem um "discurso" imediato e claro. Conseguem expressar-se na memória mais facilmente que as idéias. E é certo que a verdade está mais presente e mais difundida na imagem que na idéia. É justamente por isso que Jesus, no seu ensinamento, dá um lugar considerável às imagens descritivas e outro lugar muito reduzido às formulações abstratas.

Por isso, pelos seus discursos e, ainda mais, pelas suas parábolas delineiam-se quadrinhos vivos e concretos com um toque inegável de originalidade; a paisagem circunstante, o aproximar-se das estações no campo, as aventuras alegres e dolorosas de uma casa campestre, os momentos simples e solenes das liturgias, o encanto de um encontro com as crianças são cenas que, na onda da sua palavra, exercem uma sugestão irresistível e obrigam à escuta.

A sua catequese ao aberto, nas margens do lago ou na sombra de um terebinto, tem um auditório heterogêneo e numeroso, que ele certamente não teria na sinagoga. Nesse lugar sagrado, de fato, as mulheres e as crianças não podiam entrar. Mas para escutá-lo, agora, estão também elas, como também estão presentes estrangeiros e pessoas de profissão duvidosa, como os publicanos. O motivo dos seus discursos, tão próximos da vida cotidiana, nasce de situações muito precisas e de circunstâncias concretas; é um panorama de vida bem conhecido de quem o escuta. Jesus, com um procedimento pedagógico desses, tem a vantagem de falar ao ser humano todo e não somente à sua inteligência.

Os educadores experientes sabem que essa é a forma mais completa de comunicação, porque se fala ao outro com todo o seu ser: com as palavras ricas de imagens, com os gestos, os sentimentos, a alma e a vida. Confirma-o a concessão bíblica do ser humano que exclui toda forma de dualismo entre corpo e espírito e declara que o ser humano é um todo único, com espírito (em hebraico: *nephesh*; em grego: *psychè*) e físico (em hebraico: *basar*; em grego: *sòma*). O ser humano é uma unidade profunda de corpo e de espírito, físico e psíquico, material e espiritual. Mas ele é somente espírito e somente físico. Jesus sabe muito bem tudo isso, por isso fala ao ser humano todo com toda a sua pessoa (não somente com a sua boca) e se comunica com os seus ouvintes com todo ele mesmo, envolvendo toda a pessoa de cada ouvinte.

A verdade em imagens

O falar do Mestre de Nazaré é simples, vivo, concretíssimo. Entre as suas poucas palavras não se encontra alguma abstrata como as nossas que terminam em *ismo*. A sua língua materna, o aramaico, pobre de termos abstratos, mas muito concisa e colorida, se presta muito à psicologia semítica (que tem um poder de observação extraordinário) para apresentar, também, as verdades mais elevadas por meio de imagens, símbolos, exemplos, semelhanças e antropomorfismos.

Jesus se adapta de boa mente e com facilidade às condições culturais e sociais do seu povo; coloca-se, plenamente, no seu nível, torna-se "em tudo semelhante a eles", escreverá mais tarde Paulo (Fl 2,7). Segue os caminhos normais de acesso à inteligência e ao coração desse povo, nutrindo ao máximo a sua pregação de vida na Palestina do seu tempo. E o faz com tal naturalidade que é difícil pensar numa maneira mais concreta de expressar-se.

Assim, por exemplo, se ele deve sugerir que o gesto de caridade não deve ser ostentado, recorrerá a um revestimento da imaginação e dirá: "Quando deres esmola, não mandes tocar a trombeta diante de ti, como fazem os hipócritas nas sinagogas e nas ruas, para serem elogiados pelos outros" (Mt 6,2). Quando deve fazer compreender que as riquezas são um perigo constante e podem comprometer o êxito final, recorrerá à cena do camelo que tenta, inutilmente, passar pelo orifício de uma agulha (cf. Mc 10,23-27); ou à parábola do "rico insensato", que programa ampliar os seus celeiros para uma colheita abundante, mas se esquece de fazer as contas exatas dos seus dias (cf. Lc 12,13-21).

Às vezes, o uso de uma imagem é tão breve, tão viva e tão original que choca e impressiona logo o interlocutor; mas, ao mesmo tempo, fica ainda uma zona de sombra em relação ao seu significado mais preciso e profundo. Aqui o Mestre se faz, conscientemente, um tanto enigmático para despertar a curiosidade nos seus ouvintes e para estimular-lhes a reflexão: "Fazei para vós bolsas que não se estraguem, um tesouro no céu que não se acabe" (Lc 12,33); "Pode um cego guiar outro cego? Não cairão os dois no buraco?" (Lc 6,39); "Onde estiver o cadáver, ali se ajuntarão os abutres" (Mt 24,28); "Uma cidade construída sobre um monte não fica escondida" (Mt 5,14).

Outras vezes, a uma imagem ilustrativa, simples e de compreensão imediata, ele acrescenta particularidades para conferir-lhe um desenvolvimento descritivo completo e para referi-la diretamente à experiência do ser humano. Tem-se a assim chamada imagem completa. Por exemplo: "Não se acende uma lâmpada para colocá-la debaixo de uma caixa, mas sim no candelabro, onde ela brilha para todos os que estão em casa. Assim também brilhe a vossa luz diante das pessoas..." (Mt 5,15-16); "Não existe árvore boa que dê frutos ruins, nem árvore ruim que dê frutos bons [...]. Quem é bom tira coisas boas do tesouro do seu coração, que é bom; mas quem é mau tira coisas más do seu tesouro" (Lc 6,43-45); "Aprendei da figueira esta lição: quando seus ramos vicejam e as folhas começam a brotar, sabeis que o verão está perto. Vós, do mesmo modo, quando virdes acontecer essas coisas, ficai sabendo que ele está próximo, às portas" (Mc 13,28-29).

Portanto, a imagem da lâmpada, da árvore boa ou má e da figueira que solta os brotos leva à rica e variada experiência do ser humano. Trata-se de descrições completas que são assumidas nas mensagens de Jesus para tornar simples e evidentes as verdades divinas a quem as escuta e as acolhe.

É verdade que este seu estilo está em profunda sintonia com a mentalidade e o método expositivo oriental, que, como se sabe, se afasta, notavelmente, do nosso modo de observar, de sentir e de referir uma experiência de vida. Para nós, por exemplo, tem grande importância o saber articular e descrever aquilo que aconteceu com rigor lógico e com objetividade fria para chegar à verdade histórica precisa do fato.

Toda a força expositiva repousa na lógica fechada dos argumentos que se usam. Para um oriental, ao contrário, é de capital importância oferecer de modo vivo, colorido e apaixonado o quadro da experiência, buscando nele o profundo significado religioso. Conseqüentemente, toda a forma convincente da exposição está no modo apaixonado com o qual se participa do fato que se narra.

É também verdade que o patrimônio de imagens de Jesus está ligado à sua época histórica, ao seu ambiente e ao processo mental próprio do ser humano oriental. São imagens que, embora magníficas e de grande força de penetração, chegando a nós, perderam inevitavelmente aquele não sei quê de gosto e de colorido que é próprio daquela língua e do tempo em que foram pronunciadas. Algumas delas ainda permanecem para sempre muito distantes de nós e são inusitadas e um tanto estranhas, como, por exemplo, quando Jesus se compara a uma galinha (Mt 23,37), ou quando grita aos fariseus que são "guias cegos. Filtrais o mosquito, mas engolis o camelo" (Mt 23,24).

No entanto, dos evangelhos resulta, claramente, que Jesus é uma coisa só com a mensagem que anuncia. Apresentando-se às multidões, não participa idéias, notícias ou princípios abstratos; nem apela para uma terminologia técnica, escolástica, alheia à realidade, mas revela e apresenta uma vida, a sua vida no seio do Pai (cf. Jo 1,18). Se, por uma hipótese absurda, ele se calasse, cessaria não somente a sua missão, mas renegaria a si mesmo. Ele, ao contrário, fala e anuncia o "Reino", de modo vivo, caloroso, participado.

No tempo de Jesus, numa moldura cultural oriental, mas também para nós e nos nossos dias, a imagem descritiva ou visual, quando é original e viva, exerce uma sugestão que subjuga, age tão fortemente que persuade e se impõe com prepotência.

Sabe-se por experiência que hoje se faz muito uso dela. A nossa linguagem prefere comunicar a verdade em imagens, graças aos meios de comunicação de massa. A didática moderna gosta de servir-se daquilo que toca os sentidos dos alunos, para explicar conceitos abstratos, elevados e difíceis; prefere-se recorrer a objetos ou figuras palpáveis e verificáveis, porque se está certo de que se faz um discurso imediato e se possui maior força de persuasão. No entanto, um grande perigo está à espreita: quando o uso da imagem é somente repetitivo e não assimilado nem feito próprio, então pode ser um triste sinal de preguiça mental e um substitutivo de um pensamento inexato, não possuído com propriedade.

13.

O ser humano objeto do amor e das atenções do Mestre

O amor é a alma do seu dinamismo formativo

O Cristo, por ser Deus, ama cada um de nós, desde a eternidade; ama-nos desde sempre. No entanto, como "homem" começou a nos amar no tempo, de modo humano, com o seu coração sensível, de carne. O amor é, nele, o princípio animador do seu "modo" de aproximar o ser humano; o amor é "o ponto de partida, o meio, o fim e a explicação de todo o seu dinamismo formativo" (A. Pronzato. *[...] Non hanno più pane*. p. 261). "O amor de Jesus tem características únicas...; é um amor sem princípio nem fim, universal, sem intermitências, sem limites e sem recursos, sem interesses pessoais. Numa palavra: perfeito" (A. Rodàn. *Gesù è l'asceta differenziale*. p. 458).

O amor que ele concede, generosamente, parte de um coração que não exclui ninguém. Para ele, os seres humanos são todos iguais, todos dignos de atenção, de benevolência e de compreensão; por isso não aceita limitações de fronteira, de língua, de religião e de cultura. "Ele" — define Lucas — "andou fazendo o bem e curando a todos" (At 10,38). Em nome desse amor, Jesus privilegia sempre o ser humano mais que as estruturas; privilegia o amor pelo ser humano mais que qualquer outra perspectiva e finalidade; o ser humano é amado por aquilo que é em si mesmo, por aquilo que é, realmente, aos seus olhos.

Por esse amor, ele é visto, nos evangelhos, como profundamente humano e sensível. Não é asceta severo, rígido, inacessível, que cria mal-estar só com a sua presença. Muito ao contrário! É aquele que sabe aceitar, com prazer, um convite para um banquete nupcial e sabe unir-se a uma alegre festa de família (cf. Jo 2,2). Com espontaneidade e naturalidade, sabe sorrir e sabe usar atenções especiais para com todos aqueles que se aproximam dele, sem descuidar de ninguém. Gosta de fazer o coração bater em uníssono com quem está na alegria ou no sofrimento, na prova, na solidão ou angustiado pela indigência.

Comove-se à vista da viúva de Naim, privada do único filho. "Não chore", diz a ela, e lhe restitui o filho ressuscitado (Lc 7,13). Fica triste e chora, vendo chorarem Marta, Maria e os amigos pela morte de Lázaro (Jo 11,33-35). Tem compaixão da turba que o segue há três dias e que não tem o que comer (Mt 15,32). Mas o toque mais comovedor do seu coração bom e compassivo ele mesmo o dá na parábola da ovelhinha perdida e do filho pródigo (Lc 15,1-32).

Com fina sensibilidade, ele dá amor, e espera e deseja e busca uma resposta de amor. Gosta do reconhecimento. E quando vê traído ou roubado o seu amor, sabe fazer sair do seu coração acentos carregados de uma sensibilidade profundamente machucada. Assim, com o leproso samaritano, o único reconhecido entre os dez curados, pergunta: "Não foram dez os curados? E os outros nove, onde estão?" (Lc 17,17). No Getsêmani, revela a ingratidão de Judas com um acento que deixa entrever toda a sua decepção: "Com um beijo tu entregas o Filho do Homem?" (Lc 22,48). E com um olhar carregado de amizade que foi ofendida e traída toca a pessoa de Pedro depois da negação, Pedro que, "saindo dali, chorou amargamente" (Mt 26,75).

Na sua pessoa, além disso, descobrimos um equilíbrio afetivo perfeito. Não se deixa influenciar pelo ambiente; não se confunde com a exaltação das multidões; não aceita uniformizar-se com algumas instituições superadas pela antiguidade hebraica; não cede às exigências da moda simpatizando-se com o problema social do momento e não se deixa condicionar pelo pensamento daquilo que vai dizer às pessoas. Nele se harmonizam, perfeitamente, uma extraordinária lucidez de julgamento, uma firmeza indestrutível de vontade e uma expressão afetiva equilibrada.

E é precisamente por causa desse equilíbrio afetivo que se encontram harmonizadas na sua personalidade algumas virtudes que dificilmente se acham combinadas entre si na maioria dos seres humanos. Ele é humano, compreensivo, condescendente, manso, humilde; mas sabe também ser firme, severo, tenaz, indignado, irremovível. "A mesma paixão pelo ser humano o faz humilde com os fracos e veemente e fustigante com os poderosos e presunçosos" (U. Vivarelli. *Come Cristo incontra l'uomo.* 1974. "Servitium", p. 39).

Por ele amar apaixonadamente o ser humano, não se contenta com solicitar-lhe ideais reduzidos, mas o projeta para as verdadeiras grandezas, para a perfeição plena, para a santidade. Não pede nunca menos do que aquilo que alguém pode, mas propõe, sempre, o mais. Está logo pronto a tirar de cada pessoa que encontra todas as potencialidades, os ímpetos e as aspirações mais puras, mais elevadas e mais belas para colocá-las em prática. Para apaixonar o ser humano pelo bem, não economiza os seus elogios mesmo onde pareceria não haver quase nada para elogiar, como no encontro com a samaritana:

"Vai chamar teu marido e volta aqui!"

"Eu não tenho marido."

"Disseste bem que 'não tens marido' [...]"

"Nisto falaste a verdade" (Jo 4,16-18).

Realmente, havia pouco a elogiar naquela mulher que tinha tido vários maridos, mas o engenho de Jesus descobre ainda alguma coisa para elogiar, e é a sua sinceridade. É justamente este o seu estilo: assim que percebe um mínimo de bom em uma pessoa, logo o coloca em evidência.

Amor de Jesus às crianças

Com a sua fina arte pedagógica, Jesus demonstra um profundo amor às crianças. A ele acorrem os pequeninos, sentindo que são por ele amados com um amor especial. Os seus prediletos são as crianças (Mt 18,1-5), os simples (Mc 10,13-16), os puros de coração (Jo 13,23), os pobres (Lc 6,21), os que sofrem (Mt 11,28); numa palavra, são os fracos, os indefesos, os inofensivos, não somente porque se sintoniza facilmente com eles, mas também porque ele procura e exige uma alma infantil, simples, pobre, naquele que quer entrar no Reino dos Céus (Mt 18,3). E para os pequenos reserva demonstrações de afeto. Por duas vezes, em diferentes circunstâncias, Marcos relata que Jesus toma as crianças, abraça-as afetuosamente e as abençoa (Mc 9,36; 10,16).

Basta somente recordar que o termo "criança" e seus sinônimos aparecem nos evangelhos mais de duzentas vezes. É evidente que este é um assunto que interessa muito o Mestre. E com justiça! Porque a infância evangélica é o máximo da maturidade. Trata-se, de fato, não de permanecer crianças, mas de tornar-se (em grego: *genèsthe*) crianças (Mt 18,3). Isso supõe percorrer um longo itinerário espiritual que lentamente leva a profundas conquistas interiores, reconduz às fontes originais da simplicidade, da inocência e da transparência.

Um dia, os discípulos fizeram esta pergunta a Jesus: "Quem é o maior?" (Mt 18,1). Jesus respondeu declarando que verdadeiramente grande é o "pequeno" (em grego: *paidìon*). Ou melhor, ele escolhe identificar-se, justamente, com essa figura fraca e frágil: "Quem acolher em meu nome uma criança como esta, estará acolhendo a mim mesmo" (Mt 18,5). Ele quer ser encontrado nessa simplicidade.

Tornar-se "crianças", portanto, não é voltar atrás no infantilismo, na puerilidade, nos caprichos de criança. A infância evangélica é fruto precioso da idade adulta, vivida num exercício incessante de se fazer "pequeno" por amor. Assim, para ser realmente "grande" ao coração do Mestre, não se deve "subir" na escada social, mas "descer"; para "progredir", é preciso "voltar atrás" (em grego: *straphète*)

(Mt 18,3); para uma avaliação exata de si mesmo, não se deve colocar em evidência, mas se esconder.

Pede-se uma mudança radical da própria existência, no modo de agir, de pensar, de falar, de viver, de conduzir-se, de projetar e avaliar a realidade. Para realizar uma reviravolta de vida, é preciso praticar o exercício do fazer-se pequenos, pobres, humildes, sem segundas intenções, sem reivindicações e pretensões. E isso não acontece facilmente, como num passe de mágica, mas através de sofrimentos, de provas indizíveis de solidão, de escuridão, de humilhações, de incompreensões e até de morte.

São provas que fazem passar pelo cadinho o espírito e a carne, e então é como se se nascesse de novo. Sim, tudo começa do princípio e tudo está revirado. Toda realidade é descoberta como dom de Deus e não como alguma coisa devida; e nada se torna hábito, mas tudo é acolhido com o sentido da maravilha, da surpresa, do assombro. "Sempre me comoveram certos anciãos que dão a impressão de defrontar-se todos os dias com a vida. Adquiriram a capacidade de admirar-se com tudo, de não considerar nada previsto" (A. Pronzato. *Vangelo di Marco*. I, p. 138). Esses são os verdadeiros "pequenos" do Reino; a eles o Senhor reserva o seu amor e as suas predileções.

14.

Uma pedagogia autêntica em ação: o encontro com a samaritana (Jo 4,1-26)

A forma dramática do diálogo

Os discursos e os diálogos de Jesus relatados por João têm um caráter completamente diferente daqueles relatados pelos sinóticos, nos quais as sentenças e os assuntos se alinham um depois do outro e, assim, de vários trechos resulta apenas um. É o caso do sermão da montanha nos capítulos 5–7 de Mateus ou na série das parábolas do capítulo 13 do mesmo evangelista.

Em João, ao contrário, cada discurso se articula todo em um único assunto, porém não segundo uma linha reta, mas com um caminho em espiral. Isto é, Jesus começa a tratar de um tema e lentamente vai subindo do plano material-temporal para o espiritual, passando, gradualmente, de um nível a outro superior até chegar à revelação total.

Por isso, é característico em João o uso intencional de palavras e expressões que se prestam a duas interpretações: uma material e outra espiritual. Assim é, por exemplo, o caso dos vocábulos vida, verdade, pão, luz, pastor, vinha, caminho, água, templo etc. Daqui segue-se, naquele que escuta, um mal-entendido. Jesus, então, aproveita a ocasião para explicitar o significado do termo em questão e ajuda o interlocutor a desenvolver a riqueza teológica do tema com um diálogo. Por exemplo, quando Jesus diz aos notáveis de Jerusalém: "Destruí este templo e em três dias eu o reerguerei" (Jo 2,19), ele se refere ao templo de seu corpo, que ressuscitaria depois de três dias; mas os interlocutores pensam no Templo de Jerusalém, para cuja construção foram precisos quarenta e seis anos (v. 20). Com Nicodemos Jesus fala de um renascimento e faz entender o renascimento espiritual; mas o velho "rabi" se refere ao renascimento natural e não compreende como isso seja possível para uma pessoa idosa (cf. 3,1-10). Portanto, no quarto evangelho há um itinerário ascendente: parte-se de posições distantes e se encaminha um discurso que se presta ao equívoco. O interlocutor de Jesus, à primeira vista, não se apercebe de nada; depois começa a entrever alguma interpretação diferente, mas não consegue captar o sentido profundo do Mestre; e o Mestre vem em auxílio: esclarece o assunto e ilumina o interlocutor com a revelação de um segredo.

É justamente esse "itinerário ascendente" que encontramos no esquema do diálogo entre Jesus e a samaritana. O Mestre a dirige ao longo do "caminho" com extraordinária delicadeza e com paciência. E ela passa de uma atitude de rejeição e desprezo (4,9) para uma resposta superficial (vv. 11-15); depois, para a reflexão (vv. 16-18), e a perguntas mais profundas (vv. 19-20), até a descoberta de uma presença que a provoca com uma revelação (vv. 25-26) e, finalmente, para o testemunho (vv. 28-30).

Há, também, uma descoberta progressiva de quem é Jesus para a mulher de Sicar: no começo, é somente um desprezível judeu (v. 9); depois, é um senhor (vv. 11-15); logo em seguida, é um profeta (v. 19); depois, o Messias (vv. 19-29); e, finalmente, "o salvador do mundo" (v. 42).

Os três temas do diálogo

A *água viva*

O tema da água! A mulher vai tirar do poço a água que mata a sede somente por momentos. Jesus, ao contrário, oferece-lhe uma outra água, que sacia a ponto de fazer tornar-se fonte para os outros. O discurso é aberto com uma frase em forma condicional para suscitar na mulher uma viva curiosidade: "Se conhecesses o dom de Deus e quem é aquele que te diz: 'Dá-me de beber!', tu lhe pedirias, e ele te daria água viva" (v. 10).

Observe-se o recurso dos termos "dom, dar" neste versículo, como também nos imediatamente posteriores (vv. 12.14.15).

Jesus é, realmente, surpreendente! Fala de um dom que ele pode dar e, ao mesmo tempo, se apresenta como um necessitado, como um que pede. A misteriosa referência ao dom deveria ter feito a mulher compreender logo que o diálogo foi levado para um outro plano, o espiritual. Jesus, de fato, fala-lhe do dom da água viva, da água da graça. "Mas o que ela pode compreender desse dom, que mata uma sede, a da alma, e ao mesmo tempo alimenta, sem que a nova sede seja sofrimento?" (S. Garófalo). Ela não consegue elevar-se acima da água que sacia o corpo. No entanto, as misteriosas palavras do judeu despertam nela um misto de curiosidade e maravilha e colocam na sua voz maior deferência para com ele e o distingue com o apelativo de "senhor": "A mulher disse: 'Senhor, não tens sequer um balde, e o poço é fundo; de onde tens essa água viva? Serás maior que nosso pai Jacó, que nos deu este poço?'" (vv. 11.12).

"Esse judeu é pelo menos estranho", teria dito para si mesma: "Quem será ele? Talvez seja maior que nosso pai Jacó?".

Sim, há também esta finalidade no evangelista João: fazer emergir Jesus acima de todos os patriarcas. Para isso, em 1,27 e 6,32 afirma-se que Jesus é maior que Moisés, e em 8,52-58 declara-se que ele é mais importante que Abraão. No entanto, na resposta que Jesus dá à mulher no v. 13, evita-se a questão do confronto com Jacó, e continua a falar do dom que oferece; dom que, de resto, demonstra a superioridade de Cristo sobre o patriarca. Jesus conseguiu inverter os relacionamentos! Não somente caíram os sentimentos de divisão e hostilidade, mas, sem que a samaritana o perceba, deixou-se empenhar na reflexão sobre uma expressão difícil e, para ela, realmente impenetrável: "Água viva". É preciso que ele ainda o explique.

"Jesus respondeu: 'Todo o que bebe desta água, terá sede de novo; mas quem beber da água que eu darei, nunca mais terá sede, porque a água que eu darei se tornará nele uma fonte de água jorrando para a vida eterna'" (vv. 13-14).

Jesus começa fazendo uma diferenciação entre água natural e água viva. A primeira é insuficiente para matar a sede; a outra, ao contrário, transforma em fonte inesgotável. Transforma-se em fontes vivas, límpidas, fecundas: quanto mais se dá, mais se tem para dar. Há um outro elemento que deve ser sublinhado: a água misteriosa da qual se está falando tem uma ligação íntima com ele. Note-se, realmente, a insistência do pronome pessoal: "Quem bebe da água que eu darei..."; "A água que eu darei se tornará..."

O diálogo tornou-se muito exigente com essas duas declarações. A samaritana se perde. Não consegue acompanhá-lo. Entrevê horizontes novos, inimagináveis, mas se confunde neles. Talvez o tamanho da sua miséria e a lembrança habitual do seu pecado lhe tirem a capacidade de seguir a lógica do interessante e misterioso judeu. Por isso ela tenta trazê-lo mais para baixo, e torna-se irônica, tanto assim que o seu interlocutor não parece levá-la a mal: "A mulher disse, então, a Jesus: 'Senhor, dá-me dessa água, para que eu não tenha mais sede, nem mais tenha de vir aqui tirar água" (v. 15).

Ela sabe, de longa experiência, que naquela região há fontes das quais brotam águas abundantes depois das chuvas, mas depois, inexoravelmente, secam no verão. E isso é evidente. Mas que uma pessoa possa tornar-se fonte de água, como é possível? Tal estranheza é, realmente, inaceitável!

Mas Jesus não a leva a mal por causa da sutil e bondosa ironia da mulher, e não se perturba por causa da incompreensão dela. Percebeu que ela não consegue elevar-se para entender aquela água viva, borbulhante. Precisa entrar em si mesma para reconhecer a sua miséria e descobrir-se necessitada. E isso é difícil sempre, e para todos talvez seja doloroso, mas necessário. É preciso vivê-lo plenamente. E Jesus a ajuda a entrar nessa nova fase do diálogo.

Cala-se em meio ao mundo dos interesses da mulher de Sicar (na sua vida e nas suas esperanças, nos trabalhos e nas perturbações). Ele o faz com tato, com respeito, de modo que a amarga descoberta não a humilhe nem a afaste. E deu amplamente prova disso ao longo de todo o diálogo realizado até aí. Não criou distâncias, não respondeu às suas provocações irônicas, não a humilhou com o seu poder divino; não a cegou com a luz da sua verdade. A samaritana, esteve às vezes desprezando, às vezes arrogante, sempre estouvada, auto-suficiente.

Mas ele sabe muito bem que, quando uma pessoa ostenta arrogância e prepotência, freqüentemente mostra somente uma máscara, que esconde desilusões, amarguras, miséria e sofrimentos sem conta!

A história pessoal da samaritana

(Jesus) lhe disse: "Vai chamar teu marido..." (v. 16).

É o momento de levar um pouco de luz por entre as dobras secretas e pouco polidas da consciência da mulher de Sicar. Mas esta, por motivo de certa reserva natural pela própria vida íntima e, sobretudo, pelo seu passado nada louvável, dá uma resposta "curta e seca": "Eu não tenho marido" (v. 17).

"Ele finge que não percebe o movimento de ressentimento espontâneo naquelas palavras e, antes que a mulher se retraia e se feche novamente em si, ele a prende com um único meio possível naquele momento: elogiando-a" (G. Nolli) pela sinceridade e pela parte de verdade declarada.

"Disseste bem, não tens marido. De fato, tiveste cinco maridos, e o que tens agora não é teu marido. Nisto falaste a verdade" (vv. 17-18).

O diálogo agora já havia descido no íntimo das duas almas, onde não pode haver mal-entendidos, nem fugas, nem subterfúgios. Resta a margem para a vergonha pelas amargas desilusões e pelas experiências mais degradantes. Mas Jesus a deixa entender que não está ali para acusar e condenar. Ele não rejeita nada daquilo que foi profanado.

E também, se o seu olhar se lança nas profundezas mais recônditas da consciência dela, é sempre um olhar discreto, límpido e delicado.

Segundo as disposições vigentes da lei, alguém poderia se casar novamente no máximo três vezes. Aquela mulher superou de muito o limite: está no sexto marido! Talvez a irrequietude da vida, as ocasiões fáceis de desvios e a inextinguível sede de amor, a levaram a ultrapassar os limites do bom senso e do bom costume. Nas entrelinhas da narração, ela nos parece uma criatura insatisfeita, em perene busca de novas experiências, à caça de vida e de amor. Tem sede de vida e de felicidade; passa de uma busca a outra, de uma satisfação a outra. E não mata aquela sede; ao contrário, é como se bebesse água salgada; depois de cada experiência, tem mais sede que antes. Quanto mais bebe avidamente no cálice do prazer, tanto mais se encontra vazia, sozinha, sedenta.

Mas agora, finalmente, ela está para colocar um ponto final na sua vida fácil. Aquilo que esse judeu lhe revelou corresponde à verdade. E ela não se sente desnuda com vergonha dele, não sofre o peso do momento. Não sente a necessidade de fazer confissão, porque tudo já foi declarado; e não entende sequer por que subtrair-se daquele assunto escabroso. Antes, por tudo aquilo que está acontecendo, ela se convence de que aquele judeu não é o último que chegou, visto que a sua vida íntima não lhe é de modo algum desconhecida. Ela, portanto, como que vencida no jogo, se limita a murmurar: "Vejo que és um profeta" (v. 19).

Para ela, Jesus já não é mais um "judeu estranho" que não tem medo de começar o diálogo com a samaritana; não é somente um "homem extraordinário", que promete uma água mágica, prodigiosa; mas é bem mais: "Um profeta". Certamente, nós sabemos que Jesus é muito mais que um profeta, mas, por agora, a mulher se limita a situá-lo no mesmo plano de muitos seres humanos inspirados que vieram ao palco da história.

Verdade de espírito

Porque o judeu ali presente é tão extraordinário, iluminado por Deus, ela aproveita a ocasião para propor-lhe uma intrincada meada de uma longa disputa entre judeus e samaritanos, sobre a sede legítima onde adorar o Senhor: no monte Garizim ou no Templo de Jerusalém? Era um tema que eles não podiam de maneira alguma descuidar, tanto que, se um samaritano solicitasse passar para uma outra religião, era exigido dele a abjuração do culto no monte Garizim.

Por isso a mulher de Sicar coloca na mesa essa questão, não tanto para distrair a atenção da sua vida privada e do seu passado de pecado, quanto para propor um assunto muito candente e atual. Mas Jesus, quando dá a sua resposta, não se atém a uma alternativa (monte Garizim ou monte Sião), mas abre um horizonte novo que vai além das duas soluções. A única sede, a certa, não é nem no Garizim, nem em Jerusalém.

"Mulher, acredita-me: vem a hora em que [...] os verdadeiros adoradores adorarão o Pai em espírito e verdade. Deus é espírito e os que o adoram devem adorá-lo em espírito e verdade" (vv. 21-24).

A resposta de Jesus indica um dos pontos culminantes do diálogo. É "difícil representarmos de maneira realista a atitude de Jesus enquanto pronuncia essas palavras. O seu tom é solene, como se estivesse falando a um doutor em teologia" (A. Pronzato). Ele anuncia o momento do fim de toda divisão absurda; declara o fim da antiga aliança, "nem neste monte, nem em Jerusalém...", e o advento da era definitiva, a era messiânica.

Até agora, dois montes sagrados (Garizim e Sião), dois templos dividiram os seres humanos. Agora, Jesus faz descobrir alguém que é superior às montanhas e aos templos. E este alguém deve ser adorado em espírito e verdade. Em espírito, isto é, mediante uma adoração que é suscitada pelo Espírito Santo e que, por isso, nasce de dentro, sob a sua ação misteriosa. É uma ação que não deixa o ser humano tal como o encontra, mas o transforma; por isso é uma adoração daqueles que nasceram do Espírito, e são iluminados e guiados por Deus. Isso, porém, não significa que a nova religião seja puramente interior e individual, sem ritos, sem resposta do corpo e sem dimensão social. Muito ao contrário! É uma religião que se expressa também com gestos e palavras.

A nova religião, além disso, é religião em verdade, "porque se fundamenta toda sobre a revelação que Deus fez de si no seu Filho. É a religião filial, que se dirige a Deus como Pai: 'Os verdadeiros adoradores adorarão o Pai'" (D. Mollat). A revelação de Cristo, ou seja, a Palavra, se torna, para os crentes, a fonte interna do seu culto e da sua oração.

Aqui, portanto, são enunciados os dois princípios interiores do novo culto: Espírito que ilumina e Palavra que revela. Esse é o novo templo, o único e verdadeiro. O importante é saber entrar nele e permanecer nele na total docilidade ao Espírito e na escuta devota da Palavra. A resposta de Jesus vai muito além dos horizontes da samaritana, a qual, com dificuldade, segue o raciocínio daquele que não fala como os outros e que intervém com revelações brilhantes.

Tudo aquilo que o judeu lhe disse, ela o coloca num futuro distante: "Eu sei que virá o Messias..." (v. 25). Jesus, ao contrário, traz novamente o acontecimento para o presente. Ele havia dito: "Chegou o momento e é este". Logo, não devia ser difícil reconhecer o Messias naquele fascinante judeu. Tanto é que não consegue rasgar aquele último véu sutil que a separa da revelação. E é Jesus mesmo quem faz a declaração solene — que poucas vezes é encontrada nos evangelhos —, tão luminosa e tão explícita: "O Messias? Sou eu que estou falando contigo" (v. 26). A mulher, como que envolvida por um vórtice de luz, deixa o cântaro na beira do poço e corre sem parar até o vilarejo para fazer-se mensageira do Messias.

Comenta Garofalo:

O delicioso particular da ânfora abandonada, no ímpeto da surpresa e do entusiasmo, dá o último toque ao amadurecimento psicológico da mulher, que passou do desprezo (v. 9) ao respeito (v. 11), à confiança (v. 15), a um reconhecimento significativo (v. 19), à fé (v. 29).

O longo itinerário dialógico de Jesus com a samaritana tocou o vértice na revelação final. Tudo foi medido pela sabedoria do Mestre a fim de abrir passagem no coração da mulher de Sicar: a progressão temática, a habilidade pedagógica, a sensibilidade psicológica, o amor refinado e longânime.

15.

Jesus: Mestre de oração

Oração em crise?

Poderia parecer que sim! O ser humano moderno, filho da ciência e da técnica, educado para acreditar naquilo que vê e pode tocar, encontra sérias dificuldades para abrir-se ao mistério de Deus e ao diálogo com ele. A nossa civilização, toda dominada pela lógica do ter e do fazer, exaltada pelo ídolo da eficiência, da produtividade e do consumo, não percebe mais a necessidade de reservar um tempo para a contemplação. Ao ritmo frenético do fazer e do produzir, deve corresponder para ele a rapidez do receber e do consumir. Disso resulta que não há tempo para outra coisa; não há espaço para o gesto gratuito, para a escuta do próximo e para um colóquio tranqüilo com Deus na quietude do espírito e no repouso da mente.

E assim a oração acaba sendo, para muitos, uma cômoda evasão dos reais problemas do viver cotidiano, um álibi fácil para as próprias responsabilidades ou um refúgio para as almas medrosas, incapazes de inserir-se no ritmo frenético da sociedade. Para outros, a oração é uma ingenuidade infantil e o recurso alienante a um deus reduzido a "tapaburacos". Por isso, como *slogan*, lançam mensagem do tipo:

"O tempo é dinheiro; não contemplação, mas ação; hoje são necessários braços para trabalhar, não joelhos para orar; pelo muito a fazer, não há tempo para orar; o verdadeiro encontro com Deus se faz no serviço ao próximo; quem trabalha, ora". E na realidade dos fatos acontece que o *Homo faber* da civilização do útil prevalece muito sobre o *Homo orans*. Ou melhor, na escala das coisas inúteis, a oração é colocada nos primeiros lugares.

A confirmação disso se tem, também, de uma recente publicação de Henri Neuwen, *La sola cosa necessaria. Vivere una vita di preghiera* [A única coisa necessária. Viver uma vida de oração"], Brescia, Queriniana, 2001, onde afirma que,

> em uma sociedade que parece cheia de urgências e de emergências, a oração parece ser uma forma não-natural de comportamento. Sem perceber totalmente, aceitamos a idéia de que *fazer* é mais importante que *orar*, chegamos a pensar na oração como em alguma coisa para os momentos em que não há nada de urgente para fazer... Deixados aos nossos impulsos, gostaríamos sempre de fazer alguma coisa que não fosse orar (p. 57).

No entanto, continua verdade, para sempre e para todos, que a qualidade da nossa vida depende do grau da oração; a consistência de uma vida ativa é medida na base do tempo dedicado ao diálogo com Deus. A oração revela, infalivelmente, a identidade do ser humano. E é através de uma longa e cansativa pedagogia na escola da oração que nos achamos mais humanos e mais acolhedores em relação ao próximo. A confirmação disto se tem também do grande cientista Pasteur, que um dia confiava a um seu amigo: "Volto da oração sempre mais humano". Sim, quem ora fortalece a própria dimensão humana, porque a oração investe e envolve a vida, e a vida remete à oração. Subsiste uma íntima reciprocidade entre oração e vida: orar é viver, é abrir um espaço para Deus na própria vida.

É justamente por isso que Jesus, nos evangelhos, se nos oferece como modelo e mestre de oração. A primeira declaração que ele, com doze anos, faz no Templo de Jerusalém descobre a última extremidade de mistério sobre a sua íntima relação que o liga ao Pai: "Por que me procuráveis? Não sabíeis que eu devo estar naquilo que é de meu Pai?" (Lc 2,49). Assim também, a última palavra que ele vai pronunciar na cruz será uma afirmação de um total e confiante abandono: "Pai, em tuas mãos entrego o meu espírito" (Lc 23,46). Portanto, todo o itinerário terreno de Jesus, do início ao fim, da aurora ao ocaso, foi feito no ritmo da busca constante da intimidade amorosa com o Pai.

Jesus em diálogo íntimo com o Pai

O Pai é todo o mundo de Jesus; é toda a sua vida. Ele percebe a incessante necessidade de imergir o próprio "Eu" no "Tu" do Pai. Interpela-o, terna e confidencialmente, *Abbá* ("papai"), "meu Pai", e atesta ser "seu Filho" em sentido absolutamente único. E o Pai responde, declarando o seu amor de predileção: "Tu és o meu Filho amado; em ti está meu pleno agrado. Escutai-o" (Lc 3,21; 9,35). Um inexprimível liame une reciprocamente Um ao Outro. E o vínculo é tão íntimo e misterioso que não pode ser compartilhado com ninguém. Por isso, quando Jesus ensina aos seus a orar, distingue bem as fórmulas: para si usa "Pai" ou "meu Pai" (Mt 7,21; 10,32; 11,25...); para os discípulos, ao contrário, "o vosso Pai" (Mt 5,16; 5,45.48...) ou "Pai nosso" (Mt 6,9; Lc 11,2).

A trabalhosa missão de Jesus, o seu incansável serviço pelos atribulados no espírito e pelos atormentados na carne, o seu comover-se pelas multidões que acorrem a ele em busca de verdade, de pão e de amor, os seus gestos piedosos e os acontecimentos prodigiosos que dispensa a todos no seu caminho, não são nunca a última palavra dos seus dias. A obra missionária vem sempre depois do encontro de oração. No ocaso de cada dia, na tranqüilidade da escuridão da noite ou no silêncio do deserto, ele tem, ainda, que viver um momento muito esperado e que parece não ser notícia: a relação filial e toda confidencial com o Pai, um "encontro" entre os muitos encontros do dia:

- Lc 5,16: "Ele, porém, se retirava para lugares desertos, onde *se entregava à oração*".

- Lc 6,12: "Jesus foi à montanha *para orar*. Passou a noite toda em oração a Deus".
- Lc 9,18: "Jesus *estava orando*, a sós..."
- Lc 9,28: "Jesus subiu à montanha *para orar*".
- Lc 11,1: "Um dia, Jesus *estava orando* num certo lugar..."
- Lc 22,41: "Então afastou-se dali, à distância de um arremesso de pedra, e, de joelhos, *começou a orar*. 'Pai...!'"

Lucas é o mais atento dos evangelistas para sublinhar a fidelidade de Jesus ao primado da oração que precede a missão, as escolhas e os encontros na experiência de cada dia. Para ele não basta falar com os seres humanos; não lhe é suficiente sequer realizar o supremo gesto de amor, aceitando a morte por eles. Ele sente uma solidão que somente o Pai pode preencher; há nele um espaço interior que é destinado à morada do Pai e a ninguém mais. No misterioso diálogo orante, conforma-se à vontade do Pai, descobre e detalha os particulares da missão, focaliza as escolhas e encontra nova coragem de continuar o serviço em favor do ser humano.

Orar no "Getsêmani" da vida

Acontece, às vezes, ouvir-se dizer: "Orar é bonito, orar é fácil, é libertador, é tranqüilizador, orar dá alegria". Não! Ou melhor, é também isso. Mas se alguém persevera na oração, então vai de encontro a dificuldades ásperas e complexas. Você me pergunta por quê? Porque Deus, na sua sábia pedagogia, quer fazer você chegar a uma maturidade espiritual através de etapas intermediárias constituídas por aridez, deserto, vazio, escuridão, não sentido, cansaço, desânimo interior... É o seu "Getsêmani", onde tudo parece absurdo e irracional, onde lhe parece que Deus não é mais Pai, não mais o amigo de algum tempo: acolhedor, próximo, cuidadoso, benévolo...

Também Jesus, no seu Getsêmani, tem um corpo-a-corpo com a prova (*peirasmòs*: "tentação" – Lc 22,40.46); também ele vive horas trágicas de desolação. É aqui que percebe toda a fragilidade e a fraqueza da carne, embora o seu espírito permaneça ardente e forte. O seu coração treme, apertado na morsa da dor em uma solidão árida; ele se sente invadido por aflição, por prostração e terror: "Entrando em agonia, Jesus orava com mais insistência" (Lc 22,44). São Jerônimo conserva o termo grego e traduz: "[...] et factus in *agonia*, prolixius orabat".

Parece que o Pai celeste se faz surdo aos insistentes rogos do Filho: não responde, não intervém, não presta nenhum socorro, mas o deixa na sua prova, na sua pobreza humana. E assim, "entrando em agonia...", o seu suor tornou-se como gotas de sangue que caíam no chão" (v. 44). "Nenhum homem, na sua última noite de condenado à morte — escreve o dominicano Bruckenberger —, imaginou em extremidades tão distantes a vitória do espírito e a derrota da carne".

Na experiência áspera da prova, também você é introduzido, passo a passo, nas trevas da fé e na escuridão dos sentidos, onde a dimensão espiritual parece um não-sentido, e o contexto existencial, uma inutilidade. Ao contrário, é o momento mais verdadeiro, é o momento para ser vivido lucidamente por uma radical e decisiva purificação interior. Não há dúvida, é uma experiência árdua e, às vezes, dilacerante, mas necessária, porque tem a finalidade de purificá-lo e transfigurá-lo.

Também o apóstolo Paulo teve o seu "Getsêmani"! De fato, escrevendo à comunidade de Roma, confidencia que se encontra no meio de uma terrível "tempestade" interior, de uma prova agitada, que ele chama com o termo sugestivo de "ofensiva": "Rogo-vos, irmãos, que vos junteis a mim numa ofensiva de orações a Deus" (Rm 15,30). Segundo o vocábulo grego que ele usa, a sua oração é "um aguilhão" (*synagonizesthe*), é um combate extremo e misterioso com o Onipotente. Também a ele Deus não se apresenta como Pai e como amigo, mas mais como um... "cirurgião" que afunda o bisturi para extirpar toda negatividade.

Então, não há consolação na oração? Com certeza! E consolação envolvente, intensa, profunda e inexprimível! Esta, porém, aparece somente quando se está disposto a acolher e pôr em prática a vontade de Deus; também quando é uma vontade que determina angústia e derrama lágrimas que queimam. Trata-se de querer sábia, lúcida e fortemente aquilo que Deus quer.

16.

Jesus, sábio "revolucionário"

Jesus procura o povo, não a popularidade

O Mestre surpreende são só pelos prodígios que realiza, mas também pela maneira surpreendente de realizá-los: acontece de modo acanhado, discreto, quase escondido e como se estivesse previsto. No entanto, os seus milagres são acontecimentos prodigiosos, maravilhosos. Freqüentemente, recorre à ordem de silêncio para que a notícia não se divulgue (Mc 1,25.34.43). Porém, contra sua vontade, a fama dos seus portentos se espalha com a máxima naturalidade pelos gritos dos possessos (Mc 1,24; 3,11), pelo entusiasmo dos miraculados (Mc 1,45; 5,7), pela maravilha do povo e pela fé dos seus discípulos (Mc 2,12; 7,35; 8,24).

Ele procura o povo, não a popularidade; gosta de agir, servir, ajudar, sem deixar-se enganar pelos aplausos; apresenta-se de modo simples, sem fazer-se anunciar por fanfarras ou por batedores: deseja ser reconhecido através do percurso de um longo itinerário de fé e não mediante revelações espetaculares; visa renovar o coração e não agarrar a mente à força, com prodígios deslumbrantes. Ele é o Deus que se revela escondendo-se, que se deixa aproximar e tocar, sem que alguém possa prendê-lo. Sabe bem que é preciso mais heroísmo para desaparecer entre a multidão que para subir ao palco.

Finalmente, tem um estilo de vida que é como uma decidida e clara lição para as investidas do orgulho do ser humano, que, vivendo algum efêmero retalho de glória, não hesita em fechar a consciência numa caixa-forte; não sabe resistir à tentação de instalar-se em cima de um pedestal para ter, depois, todos os outros servindo de fundo para ele, como único monumento vivo. Antes, a experiência ensina que quanto mais houver ar de vazio interior, tanto mais se pretendem pedestais elevados. Cristo, ao contrário, que é o único verdadeiro grande da história, preocupa-se não em subir, mas em descer: do alto para baixo, da glória para a cruz, da honra para o opróbrio, da exaltação para a humilhação. Qualquer outro personagem é um abusado que se eleva e se embaraça com a sua presunção e com a ridícula pretensão de julgar-se indispensável.

Aos sonhos de glória do ser humano e à idolatria do poder, Jesus opõe um estilo sóbrio e modesto, com intervenções concretas e destinadas em favor do ser humano, sem procurar vantagens pessoais. Ele não leva o distintivo do reformador social, nem do político revolucionário, mas com inalterável mansidão oferece a todos a novidade absoluta da sua mensagem. A sua palavra é como "um grãozinho de mostarda" (Mt 13,31), "um fermento" (Mt 13,33), "um tesouro ou uma pérola preciosa" (Mt 13,44-45), "uma *dynamis* ou poder" irresistível (Rm 1,16), uma espada" (Hb 4,12). Quando a sua palavra atinge as consciências com o secreto e misterioso dinamismo, então inunda e persegue como uma onda poderosa que arrasta, revolve, lava e renova.

Jesus revolucionário?

Revolucionário de verdade? Sim! Mas silenciosamente, como silenciosa é a ação secreta do fermento na massa de farinha. Ele assume "a carne" do ser humano, "vem morar" entre nós, vive a nossa vida e morre como todos os mortais.

Dirige o seu ensinamento à classe menos culta e mais miserável. Participa com cordialidade aberta das aventuras pequenas e grandes do povo; comove-se profundamente por todas as pobrezas e as angústias do coração, do espírito e da carne do ser humano. Ama, alegra-se, sofre, chora, acolhe, escuta, cura, consola... Em suma, todo o curso da sua existência terrena pode ser compendiado na declaração evangélica: "O Filho do Homem não veio para ser servido, mas para servir" (Mc 10,45). E, no entanto, não economiza críticas enérgicas dirigidas à concepção legalista da moral farisaica, toda orientada para a valorização do ato exterior, tornando-se, assim, estéreis em observâncias minuciosas e cavilosas. Reconduz, por isso, a verdade do ser humano à raiz última que está identificada no coração ("o que sai da boca vem do coração...!" — Mt 15,18). Derruba os tabus convencionais do puro e do impuro. Liberta o ser humano da estrada e do campo (ambos desprezados porque não conhecem a Torá) da asfixiante casuística e do pesado fardo das tradições humanas (Mc 7,1-13). Afasta de si e dos seus a hipocrisia e a ostentação das boas obras (*jejuns, esmolas* e *orações*: — Mt 6,1-18). Lança duros ataques, como pedras brutas, contra a honestidade farisaica, enquanto parece que esta precisa da maldade e dos erros dos outros para se sentir bem (Mt 23,1-36).

Sem a mediação de proclamas altissonantes, Jesus revoluciona radicalmente a situação da mulher na cultura judaica; com liberdade soberana infringe os rígidos cercos convencionais hebraicos para dar espaço e atenção à mulher. Exalta o gesto humilde da oferta da viúva (Mc 12,41-44), cura mulheres doentes (Mc 1,29-31; 5,21-43), de boa mente dispensa o perdão à pecadora anônima (Lc 7,36-50) e à adúltera, vítima incauta das misérias humanas e que, depois das transgressões, um exasperado rigorismo farisaico quereria sepultar sob um monte de pedras (Jo 8,1-11).

O Mestre Jesus concede com generosidade igual o seu ensinamento tanto para homens como para mulheres. Maria de Betânia, de fato, assume a típica atitude dos discípulos dos rabis, os quais, porém, excluíam as mulheres das suas aulas. No Talmude, nos vemos diante de um texto conspurcado de misoginismo: "Queimem-se as palavras da lei, mas não sejam comunicadas às mulheres". E um célebre rabi, interrogado por uma mulher, responde que às mulheres é negada a sabedoria. É justamente por isso que a presença de mulheres no séqüito de Jesus constitui um acontecimento sem precedentes na história hebraica.

"O sábado é para o ser humano"

O Talmude, antiga fonte literária judaica, definia o sábado como "um dom precioso que Deus quis dar a Israel". Na realidade, o sábado (termo que deriva de um documento radical hebraico com o significado de "repouso, descanso, cessação de... interrupção de...") tinha sido acolhido com amor por Israel e considerado como "uma ilha de eternidade" ou como "um espaço sagrado", visando ao crescimento espiritual do ser humano, à recuperação das energias físicas e à regeneração interior; tinha sido instituído, também, como recordação do repouso de Deus na criação no sétimo dia (Gn 2,2-3). O célebre rabi Simeon ben Benashia, do século II d.C., fazendo eco ao pronunciamento de Jesus a respeito do primado do ser humano sobre o sábado (Mc 2,27), afirmava que "o sábado vos foi dado e não vós ao sábado". O sétimo dia, portanto, era *para* o ser humano, *para* o seu bem, *para* alguma utilidade sua. O ser humano devia ser e permanecer como a única medida da lei.

E, ao contrário, este dia de repouso (uma das bases da religiosidade hebraica), com o passar do tempo, tinha sido transformado em escravidão legalista, em um esquálido código de comportamentos exteriores. O formalismo farisaico acabara prendendo o ser humano numa densa rede de preceitos. O tratado do Talmude sobre o sábado enumerava uma lista de trinta e nove trabalhos capitais proibidos; cada um desses trabalhos era, ainda, subdividido em outros seis.

Assim, por exemplo, era taxativamente proibido viajar, acender o fogo, cozinhar alimentos, tocar em instrumentos de trabalho, escrever, gastar ou receber dinheiro, subir em uma árvore, porque poderia cair inadvertidamente alguma fruta, o que resultaria em trabalho! Era proibido, também, trazer consigo um lenço, mas se estivesse amarrado ao braço não era mais um objeto transportado, mas uma peça do vestiário. Realmente ridículo! Um texto apócrifo do século II a.C., *O livro dos jubileus*, até ameaçava com a pena de morte aquele que tivesse violado as normas de repouso sabático. E assim acontecia, tristemente, que este dia, destinado por Deus para um merecido e sereno repouso, terminava sendo fonte de angústia, por motivo de eventuais transgressões inconscientes.

Jesus, que veio para re-*criar* o ser humano, logo se lhe coloca do lado; recusa-se a entrar no terreno da polêmica moralista dos fariseus e restitui ao sétimo dia o espírito genuíno das origens: dia em que o ser humano se encontra no seu ambiente familiar e entre os seus caros; dia de repouso de todo cansaço e dia de liberdade interior (Mc 2,23–3,6; Lc 13,10-17). Somente Deus é o *Adonai* do ser humano, isto é, o seu Senhor e Patrão, por isso ele vela sobre as horas do ser humano e lhe proporciona o tempo do trabalho e o tempo do repouso. O ser humano não deve cair escravo das coisas terrenas e dos bens materiais; deve interromper a espiral do trio "trabalho, ganho, consumo" e ter tempo livre para dedicar à família, ao diálogo com Deus e com o próximo, ao estudo e à reflexão.

Santo Agostinho escreve no último capítulo das suas *Confissões*: "Nós mesmos seremos o sétimo dia. Mas agora, Senhor, que nos deste tudo, dá-nos a paz do repouso, a paz do sábado, a paz sem tarde. O sétimo dia não tem véspera nem ocaso ('dies autem septimus sine vespera est nec habet occasum')" (XIII, 35).

Parte II

O homem Jesus

1.

O rosto de Jesus

"Por que nenhum rosto é igual ao outro?"

O interesse do ser humano contemporâneo pela pessoa, pela vida e pela obra de Jesus não conhece paralisação nem linhas de flexão. Está tão presente nos setores mais diversos da cultura moderna, que se pode falar em verdadeiro "fenômeno Jesus". Exerce sobre todos (crentes ou não, jovens e menos jovens) um fascínio do qual não se encontra qualquer traço em séculos anteriores. A considerável produção de livros, de filmes, grupos esculturais, quadros artísticos, discos e CD-ROMs não é senão uma confirmação do extraordinário interesse por ele. A vasta atenção pela sua figura, até agora contida dentro do âmbito cristão, hoje vai bem mais além dos limites confessionais, pela incidência inconfundível da sua mensagem de amor em relação a todos, começando pelos mais desafortunados da sociedade, e pela sua total abertura de coração para todo ser humano reconhecido como seu irmão.

É bem conhecido o pedido do marxista Roger Garaudy aos teólogos católicos: "Homens de Igreja, restituí-nos Jesus! A sua vida e a sua morte são também nossas e de todos aqueles para os quais ele tem um sentido". E é "toda" a pessoa de Jesus que desperta interesse e atenção: é a sua missão, o caminho interior, a mensagem, os prodígios, e também o seu aspecto exterior, físico. Por isso, hoje, não faltam pesquisadores que se aventuram em traçar novamente até os contornos do seu rosto em algum antiqüíssimo e desconhecido papiro. É uma aspiração também esta que merece consideração, porque, como afirma o escritor alemão Cristoph Lichtenberg, "a mais interessante superfície do mundo que deve ser estudada é a do rosto humano".

Sim, o escrever sobre cada ser humano em termos de rosto, ou de *visage*, é sempre um assunto importante e exige muito trabalho. É importante porque o rosto do ser humano reacende em nós a memória da *imago* do Outro, do Deus criador (Gn 1,26). Nas *Lendas dos Hassidim* se lê o sábio diálogo entre o célebre rabi Pinkas e um seu discípulo. Um dia, este lhe perguntou:

"Por que nenhum rosto é igual ao outro?" Pinkas respondeu: "Porque o ser humano é feito à imagem de Deus. Cada um tem a divina força vital de um lugar diferente e todos são, ao mesmo tempo, o ser humano. Por isso os seus rostos são diferentes". Cada rosto humano — afirma santo Agostinho — é um *vestigium Dei*, é um "rastro de Deus".

Os gregos fazem derivar o termo *pròsopon* (rosto, pessoa) de *pros-ops*, que, literalmente, quer dizer "para o olhar", indicando "aquilo que está voltado para os olhos, o lado mais exposto ao qual diz respeito"; é justamente o rosto (em hebraico: *panim* – olhar, face). É graças ao rosto que cada um de nós se expõe ao outro tal como quer se deixar ver e também para fazer-se chamar. A presença destrói a distância e cria a proximidade e o reconhecimento específico através das linhas do rosto, como o confirma um apólogo tibetano: "Vi ao longe um ser e tive medo que fosse uma fera; quando estava mais próximo, vi que era um homem; quando estava diante de mim e pude ver o seu rosto, reconheci que era meu irmão".

À procura do rosto de Jesus

A procura exegética atenta e meticulosa desde os santos Padres até os nossos dias não conseguiu oferecer-nos uma ficha biográfica de Jesus, nem sequer sumária. Provavelmente, a sua singularidade física e a sua beleza foram canceladas para sempre dos olhos dos seres humanos. No entanto, quereríamos ver aquele rosto, admirá-lo, estudá-lo, contemplá-lo. Seria uma nossa legítima curiosidade saber se era alto ou de estatura média, se o seu rosto era oval e moreno do tipo oriental ou se, ao contrário, era branco como o ocidental encimado por uma densa cabeleira loira.

Os evangelistas, apaixonados e diligentes autores de quatro obras-primas, não somente não nos transmitiram algumas linhas do seu rosto, como não nos oferecem sequer os elementos essenciais para reconstruir um retrato dele. Sabe-se que de tempos muito remotos a arte do retrato era desconhecida ao Povo de Deus, por motivo de uma lei severa que vinha desde Moisés, com base na qual era taxativamente proibido reproduzir imagens e representações de divindades, para afastar o perigo da idolatria: "Não farás para ti imagem esculpida, nem figura alguma do que existe em cima nos céus, ou embaixo na terra, ou nas águas debaixo da terra. Não te prostrarás diante dos ídolos, nem lhes prestarás culto" (Ex 20,4-5).

As primeiras referências claras sobre o aspecto físico de Jesus são de origem tardia, e vêm da Idade Média. Um monge, provavelmente um historiador bizantino, de um texto apócrifo, que pontuava alguns traços anatômicos de Jesus, procurou recompô-lo ordenadamente e propô-lo na famosa "Carta de Lêntulo", um inexistente predecessor de Pôncio Pilatos. Voltando atrás no tempo, por volta do século V, o historiador Eusébio, bispo de Cesaréia, na Palestina, afirma que viu em Baneias, perto de Cesaréia de Filipe (onde aconteceu a profissão de fé de Pedro: Mc 8,27-30), uma coluna com duas figuras de bronze que retratavam o rosto de Jesus e o da mulher hemorroíssa. Provavelmente, tratava-se de figuras pagãs reproduzidas num monumento fúnebre; portanto, não tinham nada a ver com a imagem de Jesus.

Também santo André, bispo de Creta, entre 711 e 740, refere-se a imagens de Jesus e da Virgem Maria que circulavam entre os cristãos do seu tempo para alimentar sua devoção e a sua fé; julgava-se que tinham sido pintadas pelo evangelista Lucas, ao qual uma antiga tradição atribui qualidades artísticas. Obviamente, é uma tradição lendária que remonta ao século VI, a certo Teodoro, "o Leitor", e que não é sufragada por outras fontes. Essa lenda, provavelmente, teve origem do fato de Lucas, ao escrever, reproduzir a cena de maneira quase pictórica, com o dom de "pintar" contando.

Finalmente, é digno de especial destaque neste nosso tempo, que desperta grande fervor de piedade e de estudos altamente científicos, "o Santo Sudário", isto é, a "Tela" que se conserva na Catedral de Turim e que nos oferece o rosto do *Homem do Sudário* composto na solenidade da morte. Quem tem a ventura de o contemplar com olho e inteligência atentos e devotos, vê emergir do Sudário alguma coisa verdadeiramente impressionante: uma beleza robusta, viril, serena, divina. É um rosto que atrai e apaixona e leva a procurar sempre além. Por isso se confirma muito sábia a observação do monge Epifânio: "Não procureis nunca no Cristo o rosto somente de um homem, mas procurai em cada ser humano o rosto de Cristo".

"Ver o rosto de Deus"

O rosto é, por excelência, o emblema da personalidade: evidencia-a e oculta-a ao mesmo tempo; é como uma espécie de mistério. E é especialmente na mensagem bíblica que se experimenta esse mistério quando nos referimos a Deus. O seu rosto é invisível justamente porque é o grande impenetrável mistério, o mistério que delimita para o ser humano os confins insuperáveis: "Não poderás ver minha face, porque ninguém me pode ver e permanecer vivo" (Ex 33,20), é a dura resposta que Deus dá a Moisés, que deseja, vivamente, contemplar a face de Deus antes do seu último ocaso.

No entanto, a experiência mística do *Homo religiosus* faz desprender do saltério o desejo ardente de estar na presença do Senhor para um encontro pessoal, no *tu per tu*, face a face, como um amigo fala ao amigo, para alegrar-se na contemplação do seu rosto. Isso confirma que Deus não é uma abstração intelectual, mas é uma pessoa viva e verdadeira, é pai, irmão, amigo, confidente, Deus verdadeiro, e a ele se dirige o salmista com inabalável confiança:

"Meu coração se lembra de ti: 'Buscai minha face'. Tua face, Senhor, eu busco. Não me escondas o teu rosto" (Sl 27,8-9).

Uma das fórmulas mais antigas de bênção que os pais e os sacerdotes recitavam sobre os filhos e sobre os fiéis está no livro dos Números. No contexto de uma liturgia doméstica ou, então, de uma celebração solene no templo, implorava-se do Senhor a transmissão de toda coisa boa material e espiritual sobre os destinatários da bênção. Com o fim, certamente, de tornar eficaz e permanente o favor do Senhor, apelava-se para a serenidade de seu rosto. Enquanto o rosto zangado significava cólera e desgraça e fazia precipitar no desânimo interior e na angústia (Sl 13,2; 30,8; 88,15), o rosto sorridente de Deus, ao contrário, fazia desabrochar uma paz intacta e total no coração do ser humano:

O Senhor te abençoe e te guarde.
O Senhor faça brilhar sobre ti a sua face
e se compadeça de ti.
O Senhor volte para ti o seu rosto
e te dê a paz (Nm 6,24-26).

2.

O olhar de Jesus

"Não se vê bem senão com o coração"

"*O que salva é o olhar* — afirma Simone Weil. Esta é uma das verdades fundamentais do cristianismo, verdade muito freqüentemente desconhecida ou esquecida". Acontece, na vida, que nos momentos de grande alegria ou de dor profunda o único bem precioso do qual se dispõe é um olhar bom, manso, participante, enquanto tem uma carga expressiva intensa. A experiência confirma que no encontro entre duas pessoas, antes ainda de recorrer-se à palavra, brota o entendimento do olhar, entra-se no espaço visual do outro e começa o diálogo.

É o olhar que destrói *a distância*, cria *a presença* e "fala"; fala tão claramente que é qualificado como eloqüente. Realmente, dizemos: "Eu li nos seus olhos"; "Tem dois olhos que falam"; "Entendi pelo olhar". Os olhos são a transparência dos sentimentos, são duas "janelas" luminosas que deixam aflorar aquilo que se vive e se sente na interioridade mais secreta de um indivíduo, onde se decide como viver e gerir o amor, a liberdade, os sentimentos... Quem evita olhar, deixa entender que rejeita entrar em comunicação e que quer terminar o encontro o mais rapidamente possível.

Sabe-se, além disso, que há uma diferença notável entre o *ver* e o *olhar*. *O primeiro* se refere a um olhar distraído e superficial; toca, simplesmente, coisas e pessoas sem pontuar nada nem ninguém, sem que brotem perguntas do profundo; as coisas desfilam sob os olhos como em uma passarela. *O segundo*, ao contrário, indica o pousar os olhos com atenção e interesse sobre alguma coisa ou sobre alguém, circunscreve o campo visual sobre um objeto ou uma pessoa para detalhar os particulares e dedicar-lhe todo o tempo que for preciso. "No olhar, toda a vida parece reunir-se nos olhos — afirma Colombero —, como se naquele momento se vivesse somente com os olhos" (*Dalle parole al dialogo*. Milano, Paoline, 1988. p. 150).

No entanto não são suficientes nem o olhar nem a atenção da mente para entrar no íntimo de uma pessoa e para penetrar no seu misterioso universo de pensamentos, sentimentos, afetos, desejos e sonhos... É preciso que o coração esteja presente e dinâmico, como especialíssimo "diretor" da vida. Confirma-o Pascal nos seus *Pensamentos*: "Nós conhecemos a verdade não somente com a razão, mas também com o coração [...]. O coração tem razões que a razão desconhece: isso se observa em mil coisas" (Torino, Einaudi, 1962. pp. 63-64. Ed. brasileira: Trad. Sérgio Milliet. 2. ed. São Paulo, Abril Cultural, 1979).

Quando os olhos e a mente são guiados e animados pelo coração, então o olhar se torna luminoso e penetrante como uma lâmina e focaliza o objetivo de modo perfeito com contornos nítidos e com cores genuínas, sem perigo de qualquer alteração. "Não se vê bem senão com o coração. Este é o meu segredo. É muito simples. Os seres humanos esqueceram esta verdade. Tu não a esqueças jamais." Esta é a recomendação viva que a raposa faz ao Pequeno Príncipe como recompensa pela amizade. Conta-o Antoine de Saint-Exupéry na obra-prima literária e humana intitulada, justamente, *O Pequeno Príncipe* (Milano, Bompiani, 1978. pp. 91.98. Ed. brasileira: 48. ed. São Paulo, Agir, 2000).

O olhar de Jesus é acompanhado, inseparavelmente, pelo coração; ele se mostra sempre afetuoso com todo ser humano. O seu olhar não se limita a tocar de leve a pessoa que encontra; não é, nunca, um olhar que desvia, apressado e muito menos indiferente. É, ao contrário, de simpatia, de acolhida, de cordialidade, de benevolência. Nunca coloca os seus interlocutores em apuros. Sabe-se que os evangelistas, nas páginas límpidas e profundas das suas respectivas obras-primas, freqüentemente se referem ao seu olhar, que deixa entrever uma personalidade vibrante de vida e de amor. Eles conseguiram ler nele a compaixão comovida pelas misérias humanas e, às vezes, também a sua profunda desilusão, o cansaço, o medo, a angústia e a indignação amarga.

Dele não relatam expressamente que riu, mas com certeza afirmam que chorou: diante da dura insensibilidade de Jerusalém (Lc 19,41-44), no encontro com Marta e Maria desoladas por causa da morte do seu irmão (Jo 11,35), diante do sepulcro de Lázaro (Jo 11,38). Também ele, portanto, experimentou os apertos de coração e o sabor amargo das lágrimas, que, como alguém escreveu, são as pérolas dos olhos, a voz do coração, as palavras da alma.

Aqueles olhos...!

Santo André, bispo de Creta, célebre orador e hinógrafo bizantino (711-740), acena muito vagamente aos "olhos belos" de Jesus, e o monge Epifânio de Constantinopla, por volta do ano 800, escreve que Jesus se parecia com a sua Mãe e tinha "os olhos azuis". Também o autor da famosa Carta de Lêntulo confirma que tinha "olhos azuis, cambiantes e claros". E Verônica, a piedosa testemunha da primeira *via crucis*, os viu "luminosos". Por volta do ano 1370, a grande mística santa Gertrudes refere que Nossa Senhora mesma havia feito uma descrição de Jesus: entre outras coisas, ter-lhe-ia revelado que "os seus olhos eram tão puros que até os inimigos se deliciavam em contemplá-lo".

A pouca verossimilhança dessas fontes nos leva a permanecer ancorados fielmente nas poucas, mas seguras, indicações bíblicas. O evangelista João, que teve a felicidade de pousar freqüentemente os seus olhos no rosto humano de Cristo e, depois, de contemplá-lo na glória, como refere no Apocalipse, afirma que "os seus olhos eram como chama de fogo" (Ap 1,14; 19,12); ele é o Cordeiro que tem "sete olhos" e está de pé no centro do trono (Ap 5,6). Com essas sublimes expressões simbólicas, o autor inspirado quer evidenciar a força penetrante do olhar divino do Cristo e a sua perfeita sabedoria e onisciência, que é indicada no número "sete", símbolo da perfeição.

O Cristo da experiência terrena, que percorreu com passo incansável os lugares da Palestina, certamente fazia transparecer dos seus olhos alguma coisa que não deixava ninguém indiferente. Entre os personagens que desfilam diante dele, há um jovem desejoso de expor-lhe um problema espiritual pessoal. Quem lê o episódio como é relatado por Marcos (10,17-22), sente-se invadido por um arrepio de comoção pela espontaneidade cordial do jovem e pelo ardor do seu impulso. Das suas afirmações transparece uma consciência íntegra, simples, límpida, sem sombra de falsa humildade e sem ostentação: "Mestre, tudo isso eu tenho observado desde a minha juventude" (v. 20). Jesus elogia o seu passado sem mancha e o envolve com um intenso olhar de predileção: "Olhando bem para ele, com amor" (v. 21).

O verbo "*olhando bem* para ele", do texto grego correspondente (*emblèpo*), quer sublinhar não somente a insistência do olhar de Jesus sobre o jovem, mas também a intensidade; é um olhar particularmente penetrante, que quase quer tocar o interlocutor no seu íntimo mais profundo. A outra expressão "com amor" (*egàpesen*) é expressa com o verbo no aoristo e quer referir-se a um amor que se manifesta muito afeto com justamente nesse momento; é um amor novo que brotou agora e que é exclusivamente para ele.

Deve ter sido impressionante essa cena, já que Pedro, testemunha ocular, a recorda a distância de muitos anos e a transmite ao segundo evangelista com todo o *pathos* da predileção. "Este é o amor do Redentor — comenta o papa na exortação apostólica *Redemptionis donum* —: um amor que brota de toda a profundeza divino-humana da redenção [...], um amor de eleição, que abraça a pessoa inteira, alma e corpo" (n. 3). Jesus está passando pela estrada de Jericó:

é precedido e seguido por uma grande multidão entusiasta e festiva porque ele, pouco antes, restituíra a vista a um cego (Lc 18,35-43). Também certo Zaqueu, chefe dos publicanos (Lc 19,1-10), foi tomado por uma curiosidade irresistível pelo Mestre de Nazaré e, com a intenção de observá-lo mais de perto, desafia o ridículo e sobe rápido e ágil num sicômoro, uma vez que ele é muito pequeno de estatura. Sobe lá *para vê-lo* (v. 4) e talvez, também, para esconder-se dos seus olhos no meio das folhas da árvore; no entanto *é visto* (v. 5) pelo olhar benévolo e misericordioso de Jesus, o qual o convida a descer depressa, porque quer estar em sua casa (v. 5).

Infelizmente, a essa cena tão simples e transparente se contrapõe um olhar malévolo por parte dos presentes: "*Ao ver isso*, todos começaram a murmurar..." (v. 6). Há aqui, portanto, dois olhares muito diferentes entre si: o da multidão vociferante que permanece na superfície da pessoa, limita-se a considerar aquilo que aparece no exterior e emite um veredicto inapelável de condenação: "[...] Foi hospedar-se na casa de um pecador!" (v. 7); e o de Jesus, que, ao contrário, vai em profundidade, desce às regiões de mistério para fazer emergir o melhor que há em cada pessoa. O seu olhar é, em certo sentido, criador, porque muda a pessoa, torna-a nova, restitui-lhe o frescor intacto da primeira manhã da vida.

Jesus reserva um olhar singular de ternura e de perdão a Pedro depois que ele o renegou pública e clamorosamente (Mt 26,73-74). Jesus é arrastado para fora da sala do processo para o pátio, trazendo os sinais da flagelação no rosto e no resto do corpo. Pedro cruza o olhar com o do Mestre, e o evangelista observa: "[...] então, o Senhor se voltou e *olhou* para Pedro" (Lc 22,61). É um olhar tão intenso e amável, capaz de liquefazer o coração, e tão sério e penetrante que o faz prorromper em soluços. De fato, Pedro desaparece como que perseguido por aqueles olhos: "[...] Então, Pedro saiu do pátio e pôs-se a chorar amargamente" (Lc 22,62). Aqueles olhos sabem, também, manifestar a indignação, o ardor do desdém, a forte irritação, a amargura da traição, a tristeza e a ira. Nas veias de Jesus, corre sangue quente, por isso também ele sabe arder de indignação quando se encontra cara a cara com a obtusa obstinação dos seus adversários ou quando se desencontra com o rigorismo intransigente dos legalistas (*"Passando sobre eles um olhar irado*, e entristecido pela dureza de seus corações..." — Mc 3,5; Lc 6,10). Condena sem meios-termos a vida baseada na exterioridade, na aparência, na vanglória (Mt 5,20; Lc 12,1). No entanto, está sempre disponível a enxugar as lágrimas quentes de dor e de remorso de cada "filho pródigo" que volta para casa.

Os evangelistas mencionam, freqüentemente, o seu olhar, mas nenhum deles jamais tentou descrever os seus olhos, e isso, muito provavelmente, porque não são olhos para curiosos; deixam-se, porém, descobrir e contemplar por corações afetuosos que sabem responder às mensagens do seu coração amante. Um dia, Jesus se deixou olhar pelo povo que o encontrou nos caminhos da terra; agora se deixa contemplar somente por pessoas que o encontram nos caminhos do espírito, por pessoas que respondem aos seus apelos secretos.

3.

Jesus Cristo: homem de caráter

A sua "carteira de identidade"

Em uma das suas numerosas visitas à Itália, o escritor francês Renan, autor da *Vida de Jesus*, um dia, estava em Bologna, na Abadia de Santo Estêvão, onde está guardada a coluna na qual, segundo a tradição, teria sido marcada a estatura exata de Jesus. Renan não soube resistir à tentação de medir-se nela e, esperando distrair a atenção dos presentes, aproximou-se dela. Mas quem o acompanhava, certo Enrico Pennacchi, homem de fé e de cultura, notou a comparação e com uma atitude franca lhe disse: "Il était plus haut que vous, monsieur Renan!" ("Ele era mais alto que você, senhor Renan!").

Aquela coluna é como um testemunho exclusivo da tradição. Mas quem procura confirmações e certezas sobre a pessoa de Jesus nas páginas do Evangelho, não encontra nenhuma resposta. Infelizmente, não se encontra nenhuma página em que é relatada a descrição da sua pessoa. Poucas e vagas notícias sobre a sua infância e nada, realmente nada, sobre suas dimensões físicas, sobre a cor dos seus olhos, dos seus cabelos, nenhum aceno sobre o tom de sua voz, sobre sua acentuação, sobre seus gostos e sobre o seu modo de fazer.

Um documento singular nos refere uma Carta de Lêntulo (um falso predecessor de Pilatos), que teve grande aceitação na Idade Média, mas cuja fonte não vai além do século XIII; nela são precisados alguns detalhes físicos de Jesus, que não têm nenhum fundamento histórico.

Acredito que, a respeito, a verdade tinha sido percebida já pela literatura patrística. Santo Irineu, que viveu no fim do século II, referindo-se aos primeiros cristãos, através de são Policarpo, constatava, com sinceridade, que "a imagem física de Jesus é desconhecida para nós". Assim também, santo Agostinho confirmava que "nós ignoramos, completamente, qual era o seu rosto". Essas são as afirmações confiáveis e em perfeita coerência com o rigor da ortodoxia judaica, a qual condenava qualquer representação da figura humana. Portanto não deve, realmente, surpreender se o retrato de Jesus não puder ser encontrado.

Talvez, e possivelmente, os evangelistas, ao reunir com amor e temor memórias, impressões ao vivo, testemunhos oculares fixados em *referat*, perceberam uma dificuldade insuperável em reduzir a determinado esquema habitual os seus traços somáticos e expressar em categorias bem definidas a sua estrutura psicológica. A sua dimensão humana não se esgota nos paradigmas comuns, mas os supera de muito. Por isso não se deve ter pressa em catalogá-lo, mas pode-se prestar atenção à sua mensagem; quem sabe isso nos torne possível o acesso ao "mistério Cristo" e nos abra brechas preciosas no horizonte da sua humanidade.

Jesus: homem decidido e firme

Dos textos do Evangelho se deduz que ele vê sempre com olhos claros as realidades mais complexas, sabe tornálas simples e propô-las de modo sintético, exato e imediato. Aquilo que ele anuncia tem uma evidência e um esplendor interno. Não lhe interessa dizer coisas novas e sensacionais a todo custo, mas anuncia uma mensagem acessível a todos e que todos podem acolher livremente e encarná-la. "Ele traz à luz aquilo que os seres humanos sempre souberam ou deveriam ter sabido e que, por causa da sua alienação, não conseguem ver, compreender e formular" (L. Boff. *Jesus Cristo libertador*. Vozes, Petrópolis, 1972).

Revela uma capacidade extraordinária de propor objetivos para, depois, orientar todas as suas energias para a sua consecução. Ele é, realmente, o homem da vontade decidida e irremovível; é o mensageiro do anúncio transparente, seguro e envolvente.

Portanto, jamais se encontra nele o agir inconsiderado e apressado, nem muito menos ele é incerto, indeciso e pensativo sobre o que deve ser feito. Ao contrário, a absoluta segurança e soberania com que faz as suas afirmações deixam presos os seus ouvintes e interlocutores, os quais o sentem e o descobrem como homem livre, autêntico e decidido: "Mestre, sabemos que és verdadeiro e não te deixas influenciar por ninguém. Tu não olhas as aparências das pessoas, mas ensinas segundo a verdade o caminho de Deus" (Mc 12,14). Semeia as suas mensagens em público, ao longo das margens do lago, nas praças e nas estradas, nas sinagogas e no átrio do templo. A sua pregação percorre as estradas da Palestina com a força do vento que sopra e faz ruir os vazios e vacilantes palcos do formalismo e do tradicionalismo; purifica a atmosfera religiosa e cultural; inaugura uma era nova e cria um clima de autenticidade. Leva a todas as partes um despertar espiritual.

Sabe que é seguido e espiado, sabe que alguns o interrogam não para conhecer a verdade, mas para surpreendê-lo nalguma falha; sabe que os escribas e os fariseus inventam engodos capciosos e lhe armam ciladas enganadoras; no entanto ele não cala. Não teme oposições, resistências e ameaças. Não tem medo de falar claro e, também, de "escandalizar". Sem medo algum, mostra-se inflexível com os fariseus: falsários da verdade e especuladores da religiosidade.

Dado que Cristo está além de qualquer malícia, consegue contestar o ser humano sem humilhá-lo; rasga as malhas da rede em que gostariam de prendê-lo e desvenda as ciladas, sem nunca denunciar alguém. Revira todo interlocutor profundamente, porque toca o coração. Mas nem sempre e nem todos estão dispostos a render-se a ele; então desperta indignação, rejeição e desprezo.

Ele nos garante que a Verdade não é dada, nunca, ao ser humano a preço de liquidação. Quem o acolhe, recebe a Vida, mas deve dispor-se a entregar-se à sua ação implacavelmente penetrante em todas as fibras do próprio ser. A Verdade está na profundidade. E isso não acontece de modo indolor, mas a preço de sofrimentos, de renúncias grandes e martirizantes. No entanto não modera a sua ação e não adocica a sua mensagem.

As suas opções precisas

Jesus de Nazaré procura, sempre e somente, o povo, não a popularidade. Recusa-se, decididamente, a dar espetáculo. Quando lhe acontece despertar entusiasmos e favores populares, não se aproveita disso, nunca, para criar oposições, para organizar conspirações ou garantir espaços vitais para si. Nunca se permitiu instrumentalizar pessoas e circunstâncias, e tomou muito cuidou para não se deixar instrumentalizar. Ele é e resulta, em tudo, um homem livre, que diz sim quando é sim e não quando é não. Não cede às ameaças e muito menos às bajulações, sobretudo quando, maliciosamente, lhe pedem para realizar prodígios para efeito ou prestígio pessoais (cf. Mt 12,38).

Não aceita identificar-se com nenhum dos alinhamentos político-religiosos do seu tempo: nem com os essênios que se tinham afastado da vida religiosa e social de Jerusalém, retirando-se para o deserto, à espera do profeta e do messias de Davi; nem com os saduceus, os quais rejeitavam as perspectivas ultraterrenas, não eram amantes das novidades, não esperavam nenhum outro depois de Moisés, e por isso se julgavam felizes por entregar-se à política do ocupante; nem com os fariseus, que estavam esperando o Reino de Deus na prática da observância da lei, do culto e da penitência; nem, ainda, com os zelotes, que ventilavam a revolta armada e violenta contra os ocupantes e contra as instituições obsoletas, no intuito de preparar o Reino de Deus.

Jesus se coloca em atitude crítica diante desses projetos histórico-políticos, mesmo sabendo valorizar neles todo fragmento de bem que consegue perceber. Mas no vértice de suas atenções está e permanece o projeto de salvação do Pai que ele procura realizar, sem afastar-se dele minimamente. A vontade divina do Pai é o seu alimento e a sua bebida (cf. Jo 4,34; 14,9); esse é o tema e o fio condutor de toda a sua vida. Esta é a sua escolha de fundo. Por isso o ritmo do seu "caminhar apostólico" não é, nunca, diminuído por nada, nem por ninguém. As suas pequenas e grandes opções de vida são feitas a partir desse constante ponto de referência. É corajosamente livre nas suas opções operacionais diante dos detentores do poder político, econômico e religioso; contra eles não economiza juízos severos e açoites morais violentos. A tradição evangélica documenta, amplamente, os conflitos de Jesus com os notáveis e as classes dirigentes do judaísmo oficial.

Levanta o seu protesto vibrante contra aqueles que se sentam na "cátedra" de Moisés e no trono de Judá (cf. Mt 23,2). A Herodes, que procura matá-lo, faz saber que não são os medos e as suspeitas políticas que vão mudar as opções de seu programa (Mc 13,31-33). A Pilatos, que procura atemorizá-lo com as ameaças, responde com firmeza que "tu não terias poder algum sobre mim, se não te fosse dado do alto" (Jo 19,10-12). Na seqüência dos processos diante de Anás, Caifás, Herodes e Pilatos, ele não fala para defender-se das acusações injustas e dos falsos testemunhos.

Mas quando está em jogo a sua missão e a sua natureza divina, não cala, quebra o silêncio e fala sem reticências nem sem equívocos (cf. Mt 26,63-67; Jo 18,36-37).

Ele resiste com determinação lúcida e com domínio absoluto de si mesmo ao ser mais temível que encarna a malvadeza e a mentira: o demônio. No encontro sem testemunhas entre Cristo e satanás no deserto, ele sustenta um apertado diálogo e rebate, prontamente, toda insinuação com a Palavra de Deus. Para Jesus, nenhum poder e nenhuma verdade podem ser encontrados fora da fidelidade à missão recebida. O administrar o "poder" em vista de um prestígio pessoal seria, para ele, uma profanação grosseira do testemunho; ele, por isso, desata, prontamente, todos os laços com os quais satanás procura prendê-lo.

Nem mesmo o afeto pela sua mãe e pelos seus parentes, nem a ligação estreita com os discípulos têm peso determinante sobre suas opções. Por isso subordina qualquer outra coisa à missão que deve realizar, missão que permanece o centro e o ponto de discernimento da sua vida, como também da vida de cada um que aceita segui-lo. Quem ouve a sua mensagem, encontra-se com Cristo e encontra também a si mesmo, tal como é, com luzes e sombras, e é fortemente chamado para o ideal. Esse confronto singular determina uma crise, na qual é urgente decidir-se por uma renovação radical e pela conversão; ou, então, permanecer à deriva, voltar-se para o que é secundário e continuar a caminhar pelo sulco da mediocridade.

4.

O Cristo: colérico e violento?

Cristo homem tem sangue quente nas veias

É, no mínimo, falsa a idéia que Ernest Renan traça do Cristo na sua *Vida de Jesus*. Designa-o como "o doce sonhador da Galiléia", que fala do Reino de Deus como de "um jardim delicioso onde se continuará, para sempre, a serena e cômoda vida que se vive aqui embaixo". Porém, o contato com a rude e hostil gente da Judéia — sempre segundo Renan — teria obrigado o caráter do doce e sorridente pregador a tornar-se "rude e bizarro".

Essa é uma apresentação absurda, porque não corresponde ao que dele dizem os evangelhos. Cristo é, e continua sendo, um homem verdadeiro, plenamente vivo e vivaz; nada daquilo que é genuinamente humano lhe é estranho. Ele não é, de fato, o frio e impassível Mestre que dá a impressão de estar além de qualquer preocupação, como inatingível pelos nossos dramas humanos.

Ele, ao contrário, está próximo de cada um de nós, está presente, ao vivo, nos nossos problemas e nas nossas amarguras; participa, intensamente, nas experiências humanas. Não foge dos limites e dos sofrimentos da vida cotidiana, real e concreta. Ao contrário, gosta de estar diante dos olhos dos seus contemporâneos como qualquer um deles. Fala, age, move-se no quadro de uma existência cotidiana normal, sem verniz nem excepcionalidade.

Não se encontra uma só vez nele o desejo de aparecer, de fazer-se notar, cedendo à vaidade. Nunca posa para a platéia e nunca assume atitudes exageradas, como se fosse um comediante. A sua personalidade, sempre sincera, equilibrada e em perfeita unidade interior, evidencia a natureza do seu caráter, de maneira nenhuma rígido e imutável, mas aberto, cordial e sensível, animado por profundo amor e por paixões intensas.

É cheio de vida e cheio de humanidade. Tem sangue quente nas veias; o mundo dos seus sentimentos é rico de fortes vibrações emotivas. Sabe ser firme e autoritário, e sabe sorrir, comover-se e chorar. Às vezes, cede, também, a grandiosas cóleras, que redemoinham no seu ânimo e depois explodem como uma tempestade violenta e irrefreável.

No entanto, não perde, nunca, o controle de si, das suas ações e das suas palavras. Por mais fortes e violentas que sejam as suas reações, são sempre equilibradas e controladas, e ele permanece lúcido e plenamente senhor de si. Permanece sempre igual a si mesmo, administrando sua vida sem cair em reações de paixões cegas e sem perder a dimensão do real e do concreto.

Em nós, acontece, freqüentemente, que a violência de uma reação irrompe, de repente, do fundo da nossa obscura instintividade e acaba escondendo ou tornando opaca a visão objetiva da realidade, caindo no irracional, em poder das paixões desencadeadas. Em Cristo, ao contrário, não! Mesmo em circunstâncias de fortes tensões e irritações ou às voltas com os entusiasmos descontrolados das multidões ou com as traiçoeiras maquinações dos adversários, ele permanece com uma extraordinária clareza de pensamento e de objetivos, como também com uma irremovível firmeza de vontade em atingi-los. Todo o seu ser, o seu viver e o seu agir é constituído de uma constante unidade interior. E precisamente nessa unidade, clareza e calma do seu íntimo está a explicação psicológica e espiritual da sua rebelião contra tudo aquilo que é falso, baixo e contrário a Deus e à verdade. Contra a má-fé dos seus irredutíveis adversários, ele não hesita em recorrer à mais áspera violência verbal e a prorromper em movimentos de indignação.

Desencontros diretos com os escribas e fariseus

Assim aconteceu quando, em dia de sábado, na sinagoga, curou um homem com a mão atrofiada (Mc 3,1-6). Escribas e fariseus, com cruel hostilidade, fizeram cerco ao redor de Jesus. Para eles, esse galileu é um sacrílego violentador do sábado, um inovador temerário, um revolucionário perigoso; por isso, controlam-no sempre e procuram toda ocasião para acusá-lo (v. 2). Com insistência caprichosa e maligna, defendem as suas convicções rigoristas quanto ao repouso sabático e não lhes importa nada a desventura daquele infeliz da mão seca.

Para Jesus, ao contrário, aquele homem vale muito; é um homem que tem extrema necessidade de estar em boa saúde para continuar a trabalhar pela sua família. Por isso, na sinagoga, agora estão frente a frente a caridade e o legalismo, o sofrimento e o papel da Torá, a vida e o rito. Jesus escolhe, sem hesitar, a caridade para suavizar o sofrimento daquela vida, e não pensa em comprometer-se, de modo irremediável, aos olhos daqueles mestres insensíveis e obtusos. Assim, ao seu olhar gélido e desumano, Jesus contrapõe o seu olhar fulgurante, carregado de indignação: "Passando sobre eles um olhar irado (em grego: *met'orghès* = com ira), entristecido pela dureza de seus corações..." (v. 5).

Não está fora de propósito observar que os outros dois sinóticos (Mt 12,9-14 e Lc 6,6-1) relatam o mesmo episódio, mas omitem, concordes, quase por inteiro, o v. 5, talvez para não atribuir ao Mestre os sentimentos, tão humanos, de emoção e de irritação. Marcos, ao contrário, não perde a ocasião de atribuir a Jesus certos estados de alma e de captar, do acento da sua voz, do seu olhar, das palavras, dos gestos e das atitudes, ora severidade, ora irritação, ora aspereza ou ternura, alegria, sofrimento, medo, compaixão, misericórdia e admiração, isto é, aquela gama de sentimentos e aquelas reações que fazem dele um homem concreto, um homem vivo, um semita.

Sempre que Jesus se depara com a hipocrisia, torna-se inexorável, retribui um golpe com outro golpe, está sempre pronto a retrucar. Mais ainda: às vezes, é ele mesmo quem provoca e passa para a ofensiva. No capítulo 23 de Mateus, provoca um discurso áspero e violento contra escribas e fariseus; reserva-lhes sete epítetos, que são outros tantos "projéteis" com endereço certo: "Hipócritas, insensatos, cegos, guias cegos, sepulcros caiados, serpentes, raça de víboras".

Condena sem meios-termos todo aquele que presume fundamentar a própria vida exclusivamente em exterioridades, na aparência, no fingimento e na falsidade. Para ele, é insuportável a atitude orgulhosa do fariseu que ora no templo diante de todos (Lc 18,9-14); adverte, categoricamente, os seus discípulos para que tomem cuidado "com o fermento dos fariseus, que é a hipocrisia" (Lc 12,1); não tem medo de qualificar como "raposa" o rei Herodes, pelas suas tramas sórdidas (Lc 13,32); coloca algumas orientações de vida em nítida antítese com a conduta e as práticas dos fariseus: "Cuidado! Não pratiqueis vossa justiça diante dos outros só para serdes notados" (Mt 6,1).

No entanto as palavras, também as mais veementes e penetrantes, são-lhe inadequadas quando em confronto com a obstinação, com a dureza de coração e com a perversão. Então, o seu olhar é de fogo e o seu rosto, aceso. Não lhe resta senão prorromper em terríveis condenações (Mt 11,20-24) ou empunhar as cordas à maneira de açoite e arremessar-se contra os mercadores no templo, porque o transformaram em antro de ladrões (Mt 21,12-13).

A mesquinhez responde com o ódio

Assim, ódio e amor, entusiasmo e aversão, admiração e desconfiança acompanham, passo a passo, o Mestre pelos caminhos da Galiléia e da Judéia até Jerusalém, até o

Calvário. Explodem os aplausos, mas ressoam, também, as maldições. O ódio dos mesquinhos explode em gritos raivosos e se manifesta na tentativa de sepultar para sempre o Mestre incômodo sob um monte de pedras, como quereriam ter feito os nazarenos depois de sua intervenção na sinagoga (Lc 4,28-30).

Ao discípulo de Cristo não está reservada sorte diferente. O mal no mundo existe e é intenso: fere com a sua trágica evidência, opõe-se ao bem e tenta, continuamente, barrar-lhe o caminho, para que não se expanda. No entanto, o bem existe, mas não faz barulho, não se impõe à atenção; o bem é sempre exigente e difícil de ser praticado. Daí, a urgência de se fazerem escolhas claras e decididas, para que cada um seja "testemunha viva" com a própria vida, contribuindo, concretamente, para a vitória do bem sobre o mal.

O cristão é alguém que rema contra a corrente e se torna, como o Cristo, "sinal de contradição". E quanto mais as suas certezas de fé estiverem bem enraizadas, tanto mais a sua mensagem será autêntica, tanto mais o choque com as ambigüidades, com as falsidades e os compromissos se torna violento. O cristão é um "profeta", um anticonformista; a sua palavra é penetrante como uma espada, e não deixa espaço para compromissos, e queima e consome todas as mediocridades e as hipocrisias. Graças a esse "profeta", o bem é, claramente, diferente do mal; a verdade, do erro; o amor, do ódio.

5.

Respeito profundo de Jesus pelo ser humano

"Face a face", cordialmente, com Jesus

Escreveu-se que muitos escrevem sobre o ser humano, muitos falam ao ser humano, mas poucos vivem para o ser humano; e é verdade! Jesus escolheu viver para o ser humano. Empenhou-se em rodeá-lo de atenções, de estima, de respeito e de amor; escolheu interessar-se pelo seu bem e pela sua felicidade. Ele "respeita cada um na sua originalidade: o fariseu como fariseu, os escribas como escribas, os pecadores como pecadores, os doentes como doentes. A sua reação é sempre surpreendente: para cada um ele tem a palavra certa e o gesto certo" (L. Boff. *Jesus Cristo libertador*).

Ele se empenha por encontrar o ser humano com um "face a face" cordial, sereno e sincero. Para ele só interessa o ser humano, o outro, aquele que está diante dele; e o encontra sem etiquetas nem protocolos, sem máscaras convencionais e sem discriminações. Não pede documentos e títulos de estudo; não se interessa pelo seu "credo", pelos seus ideais políticos e religiosos; não enquadra, nunca, a pessoa em esquemas preestabelecidos, mas se dispõe, muito simplesmente, diante do outro em atitude de profundo respeito, expressando confiança e simpatia.

Façamos uma verificação evangélica concreta! Quando a mulher entra, silenciosa, na sala do banquete (Lc 7,36-50), vai com a esperança de poder encontrar (finalmente!) a pessoa que não a deseja como "uma coisa", a pessoa certa para a qual poderá oferecer o próprio coração e toda ela mesma. Ela deseja recomeçar tudo do começo, partir do zero.

Assim, com essa esperança no coração, vai até Jesus, ajoelha-se aos seus pés para neles derramar, devotamente, um perfume precioso. Mas, de repente, a emoção a vence e desata num pranto copioso; as lágrimas caem sobre os pés de Jesus; e ela, surpresa pela violência dos sentimentos, solta os cabelos e os enxuga, cobrindo-os de beijos.

Nesse ponto, soltam-se, livremente, os mesquinhos juízos dos seres humanos, juízos que pretenderiam conhecer a fundo ele e ela. Simão, que convidara Jesus e os outros comensais, está convencido de que esse Jesus de Nazaré é um dos tantos que se gabam e enganam, cuja fama a multidão exaltada aumentou; julga-se "homem experiente", que conhece o mundo e, num relance, as pessoas; portanto, aquela mulher é, para ele, simplesmente, a mulher de todos, uma profissional do vício, uma meretriz, e crê firmemente que mulheres do gênero não se convertem. Por isso, julga-se "sábio", muito superior àquele Jesus pretensioso, o qual é menos que homem, porque está evidente que ele não se apercebeu com que tipo de mulher está lidando. Jesus, no entanto, não se preocupa, minimamente, em levar o encontro com a mulher para o terreno do processo e do julgamento; não se interessa em saber e precisar o que aquela mulher foi, mas se empenha junto com ela por aquilo que quer tornar-se: uma convertida, uma penitente, uma criatura renovada pelo amor. E isso lhe basta; é tudo. "Todo ser humano é procurado, aceito, amado por aquilo que é; depois é interrogado, revirado, provocado por aquilo que deseja e pode ser" (U. Vivarelli. *Come Cristo incontra l'uomo*. "Servitium", 74, p. 32).

E quando as decisões são urgentes...?

Em nome do respeito e do amor, Jesus se adapta ao ritmo de crescimento de cada pessoa que encontra; mede o seu passo conforme a força de resistência do companheiro de viagem; dá aquele tanto de luz divina que os olhos do seu interlocutor são capazes de suportar; proporciona a verdade ao grau de capacidade da pessoa que está diante dele. Resumindo: trata cada um de modo justo, exatamente como convém, adaptando-se a tudo.

Assim, por exemplo, com os dois jovens que começam a acompanhá-lo e não estão muito preocupados em empenhar-se logo com ele, mas desejam, antes, ter alguma idéia mais exata sobre o seu ambiente e sobre a sua vida, Jesus responde-lhes: "Vinde e vede" (Jo 1,39). Acolhe-os um pouco consigo para oferecer-lhes a oportunidade de observar e refletir antes de tomar uma decisão qualquer.

Outras vezes, no entanto, Jesus chama, e aquele que é chamado o segue imediatamente, sem nada pedir e sem nada objetar. É o caso, por exemplo, do publicano Levi, que é encontrado por Jesus no seu trabalho, na sua ocupação cotidiana, e o chama logo para o seu seguimento. "Ao passar, viu Levi, o filho de Alfeu, sentado na coletoria de impostos, e disse-lhe: 'Segue-me!' Ele se levantou e o seguiu" (Mc 2,14).

De alguns, Jesus exige o imediato e definitivo abandono das riquezas, da profissão e dos parentes para segui-lo; é o caso dos três que encontram Jesus e lhe pedem para segui-lo (cf. Lc 9,57-62); de outros, ao contrário, exige um lento e progressivo desapego, como, justamente, de Pedro, que vemos, de vez em quando, voltar para os seus e para o seu trabalho mesmo depois do convite para o seguimento.

Com o transparente Natanael é suficiente um simples convite para conquistá-lo (cf. Jo 1,45-51); com a samaritana, ao contrário, que é desconfiada, Jesus segue um lento itinerário de perguntas e de explicações para revelar-se, progressivamente, a ela (cf. Jo 4,1-30).

A Marta e a Maria pede, antes de ressuscitar o irmão Lázaro, um ato de fé que, por outro lado, não solicitou da viúva de Naim (cf. Jo 11,20-27); e enquanto põe a dura prova a confiança da mulher cananéia, encoraja a confiança de Jairo. Ele sabe o que convém a cada alma (J. Galot. *Il cuore di Cristo*. p. 27).

Jesus, modesto e respeitoso com todos

Nos encontros, Jesus não coloca ninguém em apuros, nem apresenta nenhum traço de mal-estar com os outros. Permanece sereno diante de qualquer situação; não lhe é difícil tratar a todos com igual dignidade e desenvoltura, indistintamente.

Não se deixa intimidar pela gravidade dos doutos, respeita as autoridades sem temê-las, conversa com as pessoas pobres sem intimidá-las, aproxima todos sem embaraços ou relutância; nos relacionamentos com ele são igualmente espontâneas a veneração e a confiança (S. Garofalo. *Sentimenti dell'uomo*. p. 88).

Se, às vezes, deve fazer alguma censura endereçada a alguém, ele a faz de modo impessoal, dirigindo-se ao grupo ou à coletividade (cf. Mc 3,22-30; 7,1-12; 8,11-21; Mt 19,3-9; 23). Antes, nas polêmicas contra os seus irredutíveis adversários, teria podido valer-se do conhecimento das suas consciências para trazer à luz as suas pouco polidas intenções, e humilhá-los e cobri-los de vergonha. No entanto, limitou-se a fazer censuras genéricas, embora firmes, endereçadas aos fariseus e aos escribas. Não se permitiu, nunca, enfrentar alguém sozinho e humilhá-lo com a revelação de culpas pessoais e tramas em relação à sua pessoa divina.

6.

Respeito profundo de Jesus pela liberdade do ser humano

"Se queres..."

No entanto, a vida terrena de Jesus se desenvolveu na direção do ser humano. A sua presença entre nós foi um ininterrupto "serviço" ao ser humano, intensamente amado.

> É impossível dizer com palavras mais claras e exigentes, e provar com fatos mais comoventes e convincentes até que ponto Jesus estimou e amou o ser humano, ao qual deu, novamente, todo inteiro, o privilégio de uma vida sem limites e de uma dignidade além das mesmas exigências naturais (S. Garofalo. *Sentimento dell'uomo*. p. 89).

É justamente dessa profunda estima pelo ser humano que brota, também, o respeito pela sua liberdade. Jesus não faz, nunca, violência às consciências; não deslumbra com a luz da sua verdade para obrigar ao assentimento; não impõe a sua doutrina, mas se limita a propô-la, esperando que o ser humano, lenta e livremente, se abra para acolhê-la.

A iniciativa é de Jesus, é claro, mas seria de alguma forma inútil se não houvesse a resposta do ser humano. É Jesus que, por primeiro, oferece, se oferece, aponta o caminho, aplaina as asperezas, remove os obstáculos, mas espera que o ser humano se decida, livremente, a percorrê-lo. À oferta total, sem reservas, da sua pessoa, deve corresponder a livre e total resposta do ser humano.

Ele é o fermento, mas o fermento apodreceria se não fosse inserido na massa; ele é a semente pronta para o terreno, mas a semente secaria se caísse na pedreira; ele é o talento à espera de ser negociado, mas o talento ficaria infrutífero se estivesse escondido e permanecesse sozinho debaixo da terra.

Jesus é o mestre discreto que deixa, sabiamente, a suprema decisão ao discípulo. Se este não retorna com um esforço pessoal de boa vontade, ele o respeita com as suas convicções e com os seus projetos. Para Jesus, o empenho de propor a verdade com o respeitoso *se queres*; para o ser humano, a livre decisão de responder com o sim ou com o não:

- Mt 19,17: "Se queres entrar na vida, observa os mandamentos".

- Mt 19,21: "Se queres ser perfeito, vai, vende os teus bens..."

- Lc 9,23: "Se alguém quer vir após mim, renuncie a si mesmo..."

- Jo 5,6: "Jesus... perguntou ao enfermo: 'Queres ficar curado?'"

- Jo 6,67: "Jesus disse aos Doze: 'Vós também quereis ir embora?'"

- Jo 7,17: "Se alguém quiser fazer-lhe a vontade (de Deus), saberá que meu ensinamento é de Deus..."

Mais: em harmonia com o estilo do *se queres*, observamos que nos evangelhos e no resto do Novo Testamento a palavra obediência aparece oitenta e sete vezes, nunca, porém, na boca de Jesus. E não é que ele não seja firme e exigente, mas prefere evitar o termo para não encontrar o ser humano às voltas com ordens que devem ser cumpridas; quer mais obter dele uma resposta livre, firme e responsável. O sermão da montanha, de fato, não quer ser uma série de leis, mas uma proposta clara a todos para estabelecer novos relacionamentos com o mundo, com os seres humanos e com Deus.

O seu propor a verdade é tão discreto que ele não rasga, nunca, o último véu que separa o ser humano do encontro pessoal com a fonte da Verdade, mas espera que o mesmo interessado o faça livremente.

Assim, por exemplo, quando os enviados de João Batista lhe perguntam se ele é, realmente, aquele que deve vir, Jesus responde propondo diversos elementos: "Cegos recuperam a vista, paralíticos andam, leprosos são purificados e surdos ouvem, mortos ressuscitam e a pobres se anuncia a Boa-Nova" (Lc 7,22). A conclusão?

Não cabe a ele tirá-la, mas aos seus interlocutores; esse é o momento decisivo para eles. Também no encontro de Cesaréia de Filipe Jesus faz aos seus discípulos perguntas: "Quem dizem as pessoas que eu sou?" (Mc 8,27-29). Cabe a eles descobrir que Jesus é o Messias e proclamá-lo como tal. Ele não quer exercer nenhuma pressão sobre a sua inteligência, menos ainda tem a intenção de substituir-se a eles, mas se limita a despertar o interesse pela sua pessoa.

O ser humano é, realmente, criatura livre

O ser humano é tão livre diante do Senhor que alguma vez até lhe resistiu; recusou o seu convite e a sua mensagem. É o caso, por exemplo, do jovem rico de que fala Marcos (10,17-23). Jesus responde, cortesmente, às perguntas do jovem, propõe-lhe uma aventura entusiasta e exigente, lança para ele um olhar de particular amor e depois espera a resposta livre.

Portanto, o seu olhar não é raptor nem dominador, tanto é verdade que o jovem responde a uma oferta tão sedutora entristecendo o semblante e recusando-a. O Cristo se abstém, embora no amor intenso que nutre por ele, de violar a sua consciência (J. Galot. *Il cuore di Cristo*. p. 107).

Também os apóstolos se sentiram livres, sobretudo, nos momentos das decisões supremas. Depois da multiplicação dos pães, Jesus faz o discurso sobre o pão da vida descido do céu (cf. Jo 6,60-71). O discurso é conduzido segundo um estilo que segue primeiro por acenos e, depois, por explicitações. Aos presentes, resta somente o espaço para o sim ou para o não; Jesus espera deles a adesão livre ou a recusa livre. Na realidade, "a partir daquele momento, muitos discípulos o abandonaram e não mais andavam com ele. Jesus disse aos Doze: 'Vós também quereis ir embora?'" (Jo 6,66-67).

Em toda a perícope de João, notam-se dois elementos: de um lado, o progressivo iluminar-se do tema do pão; do outro, a proposta de opção dirigida aos presentes. E Jesus, com a sua pergunta, convida os Doze, que permaneceram na incerteza, a tomar posição; deixa a eles a liberdade de irem embora ou de ficar. Ele não quis requisitar os seus, não quis sujeitá-los à própria vontade, não quis alterar as suas personalidades, mas apela para o seu livre-arbítrio. Se o seu discurso é muito duro, se as suas palavras ultrapassam as suas forças, eles são livres para abandoná-lo; a opção e a decisão dependem deles.

Jesus, dedicado à causa do ser humano

Em nome dessa liberdade, Jesus anuncia que veio para prolongar a libertação do ser humano de todas as angústias, sofrimentos e enfermidades físicas e morais. Os evangelistas no-lo apresentam circundado, freqüentemente, por pessoas marginalizadas, rejeitadas, infelizes, doentes. Mateus sublinha este particular, quase como um refrão:

- Mt 4,24: "[...] levaram-lhe todos os doentes, que sofria de diversas enfermidades e tormentos: possessos, epiléticos e paralíticos. E ele os curava".

- Mt 15,30: "Grandes multidões iam até ele, levando consigo coxos, aleijados, cegos, mudos, e muitos outros doentes. Eles os trouxeram aos pés de Jesus, e ele os curou".

Jesus está tão dedicado à causa do ser humano, que não hesita em violar os rígidos e complexos esquemas das tradições dos pais, das convenções e dos ritualismos para ajudá-lo a encontrar e a reconquistar a própria liberdade. Por isso, ele não somente afirmou que o sábado é para o ser humano (cf. 2,27), mas até derroga, sem escrúpulos, a lei do sábado quando estão em jogo os direitos, a saúde e a felicidade do ser humano.

Assim, em dia de sábado, cura a mão paralisada de um homem (cf. Mt 12,9-14); é sábado quando dá novo vigor e saúde à mulher que havia dezoito anos andava toda encurvada "e totalmente incapaz de olhar para cima" (Lc 13,10-17); é sábado quando, junto com os seus discípulos, atravessa um campo de trigo e, coagidos pelos estímulos da fome, colhem algumas espigas e, debulhando-as, comem os seus grãos (cf. Lc 6,1-5); é num sábado que cura o paralítico que havia trinta e oito anos definhava no pórtico da piscina de Bezata (cf. Jo 5,1-18); é em dia de sábado que restitui a vista ao jovem cego (cf. Jo 9,1-41).

No entanto, toda a sua intervenção realizada para libertar o ser humano sempre encontrou os seus inimigos de acordo para orquestrar um plano de insídias com o objetivo de tirá-lo de circulação. E dizer que, na origem, a finalidade do sábado era, e é, oferecer ao ser humano a dimensão da libertação (cf. Dt 5,13): libertação do trabalho, de obrigações, de preocupações, para encontrar a si mesmo na calma, no silêncio e no encontro com Deus, sem se tornar escravo do trabalho e do ritmo das obrigações.

Notar-se-á, facilmente, que, para Jesus, o programa de libertação não é somente orientado para realizar a liberdade de..., mas, inseparavelmente, comporta, também, a liberdade para...; isto é, o sábado ajuda o ser humano a libertar-se do trabalho para permitir-lhe encontrar-se com Deus serenamente; libertar-se de si mesmo para estar disponível para Deus e para os irmãos. Portanto, livre para servir e amar; amor e liberdade são duas realidades inseparáveis. Quanto mais se vive o amor, mais se é livre; Deus só é plenamente livre porque é essencialmente amor.

7.

Por que Cristo confia no ser humano?

A confiança não é somente compreensão...

A confiança é uma assinatura em branco; é uma pérola preciosa engastada na série de anéis que une duas pessoas na amizade; é a larga margem de esperança que se concede a quem errou, para que recomece do início, partindo novamente do zero; é o talento que se volta a confiar a uma vida, na firme certeza de que chegou o momento feliz de negociá-lo.

A confiança é sempre uma aposta em favor do ser humano e da vida. A experiência nos recorda e confirma que poucos seres humanos são heróis, mas que todos, ao contrário, procuram o bem e tendem ao bem. Alguém recordará o grito angustioso da heroína de um romance moderno, *La notte é la mia luce* [A noite é a minha luz], de Stefano de Greeff: "Preciso saber que não estou presa, que posso fazer um pouco de bem..." E um dia Montaigne disse de um seu aluno: "Não olho tanto para aquilo que faz, mas para o empenho que coloca para não fazer o pior".

Justamente assim! Os seres humanos não são maus; têm inquestionáveis potencialidades de bem. Somente a confiança consegue lançar o olhar "dentro", além da aparente barreira de malícia, para descobrir riquezas inacreditáveis e um enorme potencial de positividade e criatividade. É preciso que, de vez em quando, alguém no-lo recorde para expulsar cansaços e falta de empenho, sobretudo depois de desventuras e insucessos. Uma palavra de elogio, um encorajamento, um convite para esperar e para recomeçar vale mais que mil censuras. "A experiência me demonstrou" — escreveu Bernanos — "que não é possível explicar os seres com os seus vícios, mas, ao contrário, com aquilo que conservaram de intacto, com aquilo que existe de bom e de genuíno neles."

Existe, a respeito, uma antiqüíssima e eloqüente lenda asiática sobre Jesus. Conta-se que ele, um dia, passava por um descuidado caminho do campo, onde um grupinho de desocupados estava tentando fazer comentários sobre a carniça de um cão. Cada um dizia a sua opinião sobre aquele resíduo do animal: "Como é disforme"; "Caíram todos os seus pêlos"; "A sua pele não vale mais nada"; "O seu pêlo está todo sujo". Jesus, depois de haver escutado aqueles comentários, quis acrescentar, também, o seu parecer e disse, com muita doçura e amabilidade: "Mas os seus dentes são verdadeiras pérolas".

Jesus traduz em confiança o amor pelo ser humano

Sublinhar o bem, elogiar, encorajar, demonstrar confiança são as coordenadas da pedagogia de Jesus. Ele pôs confiança também em pessoas, como os pecadores, os publicanos e as prostitutas, de quem era comum desconfiar, o que, de resto, estava segundo os cânones da mentalidade corrente. Jesus havia dito e repetido que não tinha vindo "para condenar o mundo, mas para que o mundo seja salvo" (Jo 3,17).

Por isso nunca deixou de acreditar no ser humano e de interessar-se por todos, também pelos mais miseráveis. Nas situações humanas onde os outros se desesperavam, ele conseguia descobrir tesouros de dedicação generosa. As histórias de Pedro pecador e penitente, de Zaqueu, de Maria Madalena, do bom ladrão e de muitos outros são autênticos prodígios da sua confiança no ser humano.

Ele sempre se recusou a apagar o pavio fumegante e a quebrar o caniço rachado (cf. Mt 12,20; Is 42,3). Demonstra estar profundamente convencido de que o ser humano é muito mais que os seus atos, e está certo de que este, na sua procura cotidiana, não quer brincar com a verdade. O ser humano tem em si riquezas impensáveis, é um mistério de luzes e sombras, é ansiedade de conhecer, vontade de agir, ímpeto de crescer para ideais elevados.

Com essas certezas no coração, Jesus entra um dia na casa, e mais, na história de Zaqueu (Lc 19,1-10), que era um coletor de impostos a serviço dos romanos e de Herodes. Havia enriquecido com o mau hábito da trapaça e da usura, praticado sem escrúpulos. A opinião pública o apontava como "pecador irrecuperável", em estado de perene impureza legal e, portanto, excluído da comunidade dos honestos, privado de muitos direitos que competiam aos israelitas. Julgava-se, até, que as pessoas do gênero não tinham possibilidade de retroceder do "caminho" no qual entraram, também porque teria sido impossível restituir tudo aquilo que, arbitrariamente, haviam cobrado.

Mas agora tem a felicidade de encontrar-se diante de Jesus de Nazaré, que lhe expressa, abertamente, o desejo de ser seu hóspede, "em tua casa". Que Jesus lhe terá dito naquele colóquio prolongado durante a refeição? Que terá ruminado naquele coração na intimidade cordial? É fato que Zaqueu se sente perturbado até no fundo da alma e compreende que deve revirar toda a sua vida. Os valores de antes, vistos na ótica de Jesus, encontra-os mudados. E percebe a urgência de recolocar tudo em ordem; e tem, também, a força de declarar, como numa confissão pública: "Senhor, a metade dos meus bens darei aos pobres, e se prejudiquei alguém, vou devolver quatro vezes mais".

Zaqueu, no exame pessoal sincero, vai bem mais além das disposições da lei mosaica e das prescrições rabínicas. Segundo a lei, em caso de roubo impunha-se o ressarcimento do quádruplo somente pelo roubo de uma ovelha ou de uma cabra (cf. Es 21,17)."Segundo os rabinos, ao contrário, o pecador que queria dar prova de penitência era obrigado a dar um quinto do seu patrimônio aos pobres e, posteriormente, destinar a eles um quinto das entradas anuais" (S. Garofalo. *Parlarono con Gesù*. p. 75). Mas esse convertido quis ir bem mais além, e reparar, com liberalidade, todas as injustiças perpetradas contra o próximo: a metade dos bens aos pobres e o quádruplo em caso de furto.

Jesus se limita a confirmar o gesto de Zaqueu, declarando que "o Filho do Homem veio procurar e salvar o que estava perdido" (Lc 19,10). Aqui está toda a novidade explosiva da sua mensagem! Para nós, aquilo que está perdido é irrecuperável para sempre. Nós nos deixamos cegar pelos defeitos dos outros, pelas faltas, pelas misérias. E facilmente catalogamos com juízos irreformáveis, excluindo a possibilidade de ver e de aproximar-se do outro na sua realidade mais autêntica. Jesus, ao contrário, faz compreender que uma retomada é possível até nas pessoas mais transviadas.

Nunca ninguém fez Cristo horrorizar-se. Ao contrário, não quis sentir-se estranho a nenhuma fraqueza humana, exceção feita ao pecado (Hb 4,15). Qualquer que fosse a situação humana, espiritual e moral do ser humano, este esteve e permaneceu sempre no primeiro lugar das suas atenções. O ser humano é o seu objetivo constante, prescindindo da etiqueta que lhe foi afixada. Ao contrário, "é impossível dizer com palavras mais claras e exigentes e provar com fatos mais comoventes e convincentes até que ponto Jesus estimou e amou o ser humano" (S. Garofalo. *Sentimenti dell'uomo*. p. 89). É justamente por isso que Jesus nunca se preocupou em humilhar o ser humano, penalizando-o pelas maldades, pelas malícias, pelos ressentimentos e pelas traições. Ao contrário, com a sua compaixão e a sua confiança conseguiu recuperar restos humanos para fazer deles obras-primas do seu amor.

No entanto, ele nunca aceita parecer aos olhos de qualquer pessoa como um ingênuo, um iludido, um "fora de tempo" ou "otimista além da conta". A sua confiança não é, nunca, cega, acrítica, inconsiderada ou irracional. Muito ao contrário! Ele está sempre atento à pessoa que está diante dele e reage não segundo princípios impessoais, abstratos, mas com base naquilo que de bom ou de menos bom consegue perceber num coração.

Assim, fica triste diante da perversidade de Judas (Jo 13,21-30), fecha-se no silêncio diante de Herodes (Lc 23,8-12) e do mau ladrão (Lc 23,39-41). Não se deixa iludir pelos aplausos e pela admiração vibrante dos muitos que assistiam aos seus prodígios; ao contrário, observa o evangelista João: "Jesus não lhes dava crédito porque ele bem sabia o que havia dentro do ser humano" (Jo 2,24).

A sua confiança, portanto, é crítica, que considera com atenção, pondera e avalia cada situação. Empenha-se em dar confiança e em colaborar tão logo "o outro" deixa cair a máscara e as aparências e se apresenta a ele tal qual é, na sua verdade, mesmo que não devesse ser muito consoladora. Ele, então, oferece logo e de boa mente a sua confiança, não porque o outro a mereça de direito, mas para que, empenhando-se na vida, aprenda a merecê-la cada dia mais.

8.

"Vós sois meus amigos" (Jo 15,14)

"Quem encontrou um amigo..."

É muito conhecido o provérbio da sabedoria popular acumulada nos séculos: "Quem encontrou um amigo, encontrou um tesouro". O escritor latino Virgílio chamava o amigo *dimidium animae meae*, "a metade de mim mesmo". Amigos de Deus era o movimento dos místicos alemães ao qual pertencia Enrico Seuse, o qual, nas angústias, continuava a ser sereno e a sorrir para a verdade; foi-lhe perguntado o segredo disso: "Eu estou certo de duas coisas — respondeu —, de que Deus é onipotente e é meu amigo".

A amizade é a expressão do amor mais puro que pode existir sobre a terra; é aquele milagre de realidade humana, quente, alegre e aberta, que degela qualquer coração; é doação generosa, sem espera de contrapartida; é aquele valor precioso do coração que amadurece com o tempo, como o vinho; é o "dom" que nasce da estima, cresce no respeito e vive na confiança e no pleno abandono do outro.

É, realmente, uma fortuna poder dispor de uma mão amiga quando o cansaço e as dificuldades da vida levam a marcar o passo ou quando o olhar não sabe mais ler claramente as indicações de direção. É uma graça insigne poder contar com um amigo que nos encoraja na dúvida, nos apóia na luta, nos medica as feridas e continua a ter confiança em nós nas desilusões e nas derrotas; poder contar com um amigo que se declara disposto a nos dar o melhor de si, logo e sempre. É uma verdadeira bênção do céu sentir "próximo" o amigo e nele apoiar-nos e oferecer-lhe a própria porção de dúvida, de incerteza, de força e de esperança.

Cristo se declara amigo e oferece de boa mente a sua amizade. O vocábulo amigo foi usado vinte e duas vezes nos evangelhos. Freqüentemente, refere-se ao sentido natural e mais óbvio do relacionamento confidencial, íntimo e cordial entre duas pessoas; às vezes, é usado em sentido depreciativo, como quando se acena a duas pessoas que se "venderam" aos romanos e, por isso, são chamadas "amigos de César" (Pilatos, por exemplo, é ameaçado da perda do título de amigo de César – Jo 19,12). O termo amigo é referido a Jesus mesmo quando se afirma que ele é amigo de alguém: de Lázaro (Lc 12,4), dos seus discípulos (Jo 15,14-15) ou dos pecadores e dos publicanos (Mt 11,19; Lc 7,34).

Os vocábulos gregos usados nos evangelhos para designar os relacionamentos de amizade são *filìa* e *agàpe*. O primeiro indica uma afeição racional, fundamentada na estima e no valor de uma pessoa, e se refere a um amor natural de amizade; expressa uma ternura e uma sensibilidade toda humana. O segundo, ao contrário, designa o amor sobrenatural, gratuito, que vem do Alto; é doação de si, é aceitação do outro, é promoção do irmão sem querer possuí-lo para si. O ágape, na revelação, se apresenta como definição de Deus: "Deus é amor!" (1Jo 4,8).

Cristo, homem entre os seres humanos, igual em tudo a nós, qualificou-se amigo. Porém, imergiu a realidade da *filìa* no prodígio do *agàpe*. E é precisamente por isso que a maravilhosa realidade da amizade nos evangelhos, mais que perder pontos, se encontra enriquecida e tornada mais preciosa. Assim, Jesus ama, intensa e ternamente, os amigos com o seu coração de carne; do seu coração se desprende um amor forte, afetuoso, livre e libertador.

O princípio da partilha na amizade

O Cristo, com os seus amigos, instaura um relacionamento verdadeiro e profundo, de modo a viver sempre com eles de coração aberto. Ele não lhes esconde nada, não reserva para si nenhum ângulo secreto, mas abre aos seus amigos todos os tesouros do seu coração (Jo 15,14). De servos que eram, os faz seus amigos (Jo 15,15) e coloca em comum, de boa mente, aquilo que é e tem.

E não dissimula os seus sentimentos mesmo quando causam certo constrangimento.

> Enquanto, habitualmente, os seres humanos [...] procuram esconder dos outros os seus movimentos de medo e de desgosto e as suas aflições pessoais, Cristo deixa que Pedro, Tiago e João, e através deles todos os cristãos que lerão o seu Evangelho, vejam os sentimentos que invadem a sua alma ao se aproximar a Paixão: o pânico, o tédio e o desgosto, a prostração de profunda tristeza. Ele começou a dar sinais de pavor e de desgosto e lhes disse: "Sinto uma tristeza mortal!" (Mc 14,33-34) (J. Galot. *Il cuore di Cristo*. p. 86).

Esse estilo de relacionamento amigável destaca, notavelmente, Jesus dos outros mestres e pensadores religiosos da Antigüidade, os quais colocavam, limitadamente, a par dos seus segredos um círculo restrito de discípulos. Jesus, ao contrário, está disponível para o dom total de si, e participa, aos poucos, o seu mistério de amor e de verdade somente por motivo da incapacidade dos seus amigos para receber tudo de vez. É o mesmo Jesus que declara: "Tenho ainda muitas coisas a vos dizer, mas não sois capazes de compreender agora" (Jo 16,12-13).

A sua amizade, além disso, por ser autêntica, é também libertadora; isto é, não vincula, não fecha, não requisita o amigo. Ele não considera os discípulos como exclusivamente "seus", como se lhes proibissem outros relacionamentos de amizade. Ao contrário, ele não hipoteca, realmente, essa intimidade como se quisesse ligá-los para sempre a si; muito ao contrário! Deixa-lhes o direito de rescindir esse relacionamento a qualquer momento. Os discípulos são plenamente livres e senhores das próprias decisões pessoais.

Pode-se ver uma confirmação disso por ocasião do discurso sobre o "pão da vida" em Cafarnaum. Ele percebe logo que o seu discurso se tornou duro para as suas mentes, por isso não hesita em declarar: "Vós também quereis ir embora?" (Jo 6,67). Não há nenhum vínculo de obrigação; se eles quiserem deixá-lo, são livres.

Talvez estejamos, aqui, às voltas com a regra de ouro da amizade: "Deixar o exercício da liberdade para o amigo: sempre, em qualquer lugar e plenamente". Sabemos que Jesus tem olhares afetuosos para os seus (Mc 6,31); usa para eles uma linguagem firme e séria, mas também cuidadosa e terna ("A vós, porém, meus amigos, eu digo: não tenhais medo..." – Lc 12,4-7); apresenta-lhes com extrema clareza as suas exigências para o seguimento (Lc 14,25-33), mas não quer ir além dos limites permitidos pelo amor e pelo respeito.

Todo amigo verdadeiro é sempre único

Ele, como verdadeiro amigo, como que se transferiu espiritualmente para viver na pessoa dos seus amigos a fim de encontrar-se e reconhecer-se em cada um deles. Reveste sua amizade das nuanças que são próprias de cada relacionamento amigável. Ama todos e cada um dos seus discípulos, mas nenhum é amado do mesmo modo que o outro. Cada um é amado e se sente amado como se fosse o único.

Assim, ele dedica a João uma terna amizade adaptada ao seu temperamento sensível e delicado; e faz dele "o discípulo que Jesus amava" (Jo 13,23; 19,26; 20,2.4.8; 21,7.20.32). Para ele reserva o privilégio de reclinar a cabeça sobre seu peito durante a última ceia, numa longa pausa de intenso amor (Jo 13,25).

Com o apóstolo Pedro, mais realista e menos contemplativo que João, homem das explosões e reações imprevistas e da generosidade quase selvagem, Jesus se comporta, desde o primeiro encontro, de maneira muito decidida, justamente como se exige para o temperamento de Pedro; por isso o aborda e diz: "Tu és Simão, filho de João. Tu te chamarás Cefas!" (Jo 1,42). Mostra-se audaz com ele; sabe que Pedro é generoso, por isso não deixa de pedir-lhe muito, embora ele, o Cristo, esteja disposto a dar-lhe muito mais.

Em nome dessa clareza dos relacionamentos, Jesus não hesita em dirigir-lhe alguma repreensão (Mc 8,33) e em fazer-lhe pedidos exigentes (Jo 21,13-23), com o fim de estreitar laços cada vez mais íntimos com ele. De fato, nota-se que, lenta e progressivamente, a vida de Pedro é "agarrada" pela pessoa do Cristo; e conseguimos, também, entrever o profundo relacionamento de amizade nas seguintes declarações de fidelidade de Pedro:

- "Senhor, eu estou pronto para *ir contigo até mesmo à prisão* e à morte" (Lc 22,33).
- "Senhor, por que não posso seguir-te agora? *Eu darei a minha vida por ti!*" (Jo 13,37).
- "Senhor, tu sabes tudo, tu sabes que *eu te amo*" (Jo 21,17).

No relacionamento de amizade com Jesus, Pedro fortaleceu e amadureceu o seu coração e se tornou eco perfeito dos sentimentos e do amor do Mestre. Assim, as vidas dos dois amigos se unem para sempre num recíproco e profundo conhecimento e numa intercambiável e indestrutível confiança.

Cristo está disponível para oferecer a sua amizade e participar os seus tesouros a todo amigo verdadeiro. A sua presença discreta se detém, respeitosamente, no limiar da liberdade do amigo. Declara que é para ele a vida, o caminho, a verdade, a luz, pão e bebida. Revela-se, também, como "poderoso", senhor da natureza, das doenças, da morte, da vida, do tempo e do espaço; e toda a sua onipotência, ele a coloca à disposição. Ele é, realmente, o amigo fiel e sempre encontrado, mesmo depois de ser desprezado, esquecido, traído. Certamente, cada um de nós pode contar com um grande grupo de amigos e, no entanto, não se pode esquecer dele. Precisamos mais do pão que nos nutre e do ar que respiramos. Todo o nosso ser o reclama.

9.

Cristo não amou a dor

O sofrimento em si não é um valor

"Por que sofro? Esta é a pedra do ateísmo!" Assim grita, cruamente, um personagem do drama de Georg Buchner em *A morte de Danton*. Por que a dor? Esta é, sem dúvida, uma das interrogações mais atormentadoras para a razão humana; e é também a grande acusação da qual se vale o ateísmo de todos os tempos. Por que a dor, quando cada fibra do ser humano reclama felicidade, alegria e vida sem fim? A dor é um grito e os gritos, não se explicam, quando muito são ouvidos, estando como do outro lado, marcados pela impotência e pelo temor.

O ser humano foi criado não para a dor, mas para a felicidade, para a alegria plena (Jo 15,11), para tender às realidades mais nobres, mais belas e mais santas. Por isso nele não há lugar para nenhuma forma de dor; a sua natureza recusa, decididamente, a amarga realidade do sofrimento físico e moral. E é por isso que me pergunto se já existiu um ser humano, um só ser humano que não se tenha encontrado e desencontrado com a dor. Pergunto-me se já existiu uma só pessoa que não tenha sofrido na carne e no espírito lacerações que se fazem sentir profundamente.

Doença, sofrimento e morte; tal é a sorte do ser humano. Por isso o salmista prega e adverte sabiamente: "Acabam nossos anos como um sopro. Nossos anos de vida são setenta, oitenta para os mais robustos, mas na maior parte são fadiga e aborrecimento, passam logo e nós voamos" (Sl 90,9-10). O sofredor Jó reconhece que "o ser humano tem a vida curta e cheia de inquietação" (Jó 14,1). A dor é tão familiar ao ser humano de qualquer tempo que faz pensar em Esopo, nas suas fábulas, quando Prometeu, ao criar o homem do barro, amassou a argila com as lágrimas e não com água.

Longe de nós, portanto, aqui, a pretensão de resolver o problema da dor nas suas formas mais impensadas e dilacerantes. De resto, há alguém que o tenha conseguido até hoje? Todas as religiões que afirmam a existência de um Deus pessoal tentaram pesquisar, honestamente, sobre este angustiante problema com o objetivo de dar alguma resposta.

Também o cristianismo realizou e realiza tentativas para dar a sua resposta, apelando para a revelação, para a reflexão teológica, para a experiência dos místicos, para a oração. No entanto, nem sempre e para todos as respostas foram satisfatórias, pelo menos no plano da pesquisa racional. E isto porque acredito que não haja uma resposta adequada para este tremendo problema fora do horizonte da fé. E a fé, aqui, não é uma evasão ou uma astuta escapatória pela incapacidade de dar uma resposta, mas é a abertura a uma lógica superior: à lógica do amor de Deus pelo ser humano.

Não faltaram guias espirituais que tentaram, muitas vezes de modo inepto, "santificar" a dor, sugerindo até que fosse procurada e amada. Mas vem-nos a pergunta: Deus nos criou para a felicidade ou para o sofrimento? Faz-nos viver na espera do paraíso das bem-aventuranças ou para permanecer, indefinidamente, num vale de lágrimas? Da revelação se aprende que Deus não ama a dor, não busca o sofrimento, "não tem prazer na morte do ímpio, mas que mude de conduta e viva" (Ez 18,22). "Deus não fez a morte, nem se alegra com a perdição dos vivos. Ele criou todas as coisas para existirem" (Sb 1,13-14).

Cristo face a face com a dor

Cristo não é o mestre abstrato que do alto da sua cátedra, acima das tribulações humanas, ministra suas aulas, ditando máximas espartanas e anunciando verdades de salvação. Ele, ao contrário, fazendo-se homem com os seres humanos e para os seres humanos, aceitou todos os limites da condição humana e, portanto, também a dor. Ele teve e suportou a dor, mas não a amou nunca. Teria preferido não encontrá-la para não sofrer e não ver sofrer. Portanto, ao contrário de mostrar-se impassível e insensível, comoveu-se, chorou e tremeu diante das devastações da dor, e sempre interveio para eliminá-la.

O evangelista nos oferece um cenário impressionante de sofredores, que se deslocam de toda parte da Palestina para encontrar Jesus, na esperança de serem curados:

> Uma grande multidão da Galiléia o seguia. Também veio a ele muita gente da Judéia e de Jerusalém, da Iduméia e de além do Jordão, e até da região de Tiro e Sidônia, porque ouviram dizer quanta coisa ele fazia. Ele disse aos discípulos que providenciassem um barquinho para ele, a fim de que a multidão não o apertasse. Pois, como tivesse curado a muitos, aqueles que tinham doenças se atiravam sobre ele para tocá-lo (Mc 3,7-10).

Quase incidentalmente fazemos notar a recorrente expressão "muita gente"; parece que o autor quer evidenciar que toda a dor do mundo tenha achado um encontro ideal na pessoa de Jesus. Ele permanece o ponto de atração e a última esperança para não desfalecer. E ele a todos dá a saúde: pára o processo de regressão e restitui o doente a si mesmo, à sua esperança, ao seu amanhã.

O evangelista João, para expressar todo o peso do "sentir humano" de Jesus, não encontrou nada melhor que a fórmula "se fez carne" (em grego: *sarx eghèneto* – Jo 1,14). O vocábulo "carne" quer sublinhar toda a fragilidade, a fraqueza, a existência pobre e precária do Cristo. Essa "carne", como em cada ser humano, também nele, talvez se tenha rebelado às provas, aos sofrimentos, aos estragos da morte.

Também ele, como cada um de nós, experimentou a labuta cotidiana do trabalho, do cansaço, do insucesso, da solidão, do medo e do pranto. Ouve-se Jesus gritar e lamentar-se, chorar, apavorar-se e fugir. Lucas recorda o seu pranto pelo fim trágico de Jerusalém (Lc 19,41). João descreve, longamente, os momentos e as emoções de Jesus pela morte do amigo Lázaro (Jo 11,18-44).

Na seqüência dos acontecimentos da Paixão, ele parece o ser humano abandonado a si mesmo, à sua fraqueza, à sua solidão, sem apoio nem conforto. Agarra-se à oração, procura o conforto da companhia dos três que tinham sido testemunhas da sua Transfiguração. Mas se encontra tragicamente sozinho: sozinho para carregar a dor do mundo, sozinho para sustentar o pecado do mundo.

Na "hora" do Getsêmani, as suas declarações são impressionantes: "Sinto uma tristeza mortal! Ficai aqui e vigiai!" (Mc 14,34). A solidão quase o esmaga, e ele vacila e cai, repetidamente, por terra. Oportunamente, o evangelista Marcos usa o verbo no imperfeito "caía" (em grego: *kai èpipten*) para indicar a extrema fraqueza e a incapacidade de manter-se em pé (Mc 14,35). Tem um tal pavor da tragédia do Getsêmani que sua sangue e implora ao Pai que o poupe do horror da morte na cruz: "Pai, se quiseres, afasta de mim este cálice" (Lc 22,42).

Alguns momentos antes de morrer, perdido no oceano pavoroso da dor, imerso na escuridão interior mais densa, não agradece ao Pai pelo projeto dilacerante de redenção que ele vive no seu espírito e nas suas carnes, mas grita o mais alto que pode: "Meu Deus, meu Deus, por que me abandonaste?" (Mt 27,46). Misteriosa agonia de Deus feito homem! Sempre estaremos diante desse mistério de dor com pavor, como à beira de um abismo, incapazes de ver o seu fundo. Jesus, portanto, não foi, nunca, amigo da dor, mas a suportou; não a abençoou nem a santificou; não a elevou à categoria de bem nem a eliminou do mundo, mas fez uma coisa mais maravilhosa: encheu-a de amor. Assim, de instrumento de condenação dilacerante tornou-a instrumento de redenção e de salvação.

A dor... mistério de amor?

Cristo veio revelar que a superação plena da dor, da doença e da morte está no amor. A vitória plena e definitiva sobre o mal não se consegue através de algum anestésico maravilhoso, nem está na cura, mas somente no amor que nos cura de nós mesmos. Cristo aceitou a dor para abrir caminho ao amor. Veio ensinar-nos não a sofrer, mas a amar. Acertadamente, um ensaísta moderno escreve que Cristo não nos disse: "Sofrei como eu sofri", mas "amai-vos como eu vos amei" (J. Arias. *Cristo da riscoprire*. p. 148).

A dor, portanto, acolhida e celebrada na própria carne, se torna uma mestra de amor; é revelação e expressão de amor. Uma dor nascida do amor e, certamente, impregnada de amor. Começa uma íntima relação entre os dois. O apóstolo João o confirma. Refletindo sobre o amor do Pai, escreve: "Deus amou tanto o mundo que deu o seu Filho único" (Jo 3,16). E Paulo pára, longamente, diante do mistério de amor e de dor do Cristo e, com alma comovida, refere tudo à sua pessoa e declara: "Me amou e se entregou por mim" (Gl 2,20).

O que vale é o amor, porque, então, a dor se torna uma só coisa com o amor. Se é verdade que sem amor não se vive, é também verdade que sem a dor não se ama. Quem ama não mede riscos, não pára diante dos sacrifícios, não tem medo dos obstáculos. Ao contrário, à medida que cresce no coração o amor, diminui o amargo da dor. Assim, uma mãe que ama sem medida a sua criatura não hesita um instante em doar o único pedaço de pão que resta em casa ao seu filho com fome. Ela esquece a si mesma, não se lamenta, mas doa generosamente; doa-se sem medida, porque ama, mesmo que sinta em si as mordidas da fome, ela não diz que está sofrendo: ama, e basta.

É a dor colocada na justa lógica do amor. A dor, ao contrário, se torna insuportável somente quando falta o amor. O verdadeiro drama do ser humano não está na dor e no sofrimento como tais, mas somente na dor inútil, desperdiçada, rejeitada, na dor que não ajuda ninguém. Sim, este é o verdadeiro drama sempre sentido pela consciência humana.

Quando uma existência é garantida pela dupla asa do amor e da dor, a vida, mesmo quando vivida na normalidade do dia-a-dia, vida escondida e sem história, se torna, de repente, importante, importante de amor. Somente então se consegue viver com alegria os sofrimentos pequenos e grandes, de modo a poder exclamar com Paulo: "Transbordo de alegria em todas as nossas tribulações" (2Cor 7,4). "Alegrome nos sofrimentos que tenho suportado por vós" (Cl 1,24). E este é um autêntico paradoxo da fé!

10.

O humorismo de Jesus

Um humorista incomparável

Alguém deu uma definição amarga do mundo no qual somos chamados a viver: o nosso mundo é o mundo dos insatisfeitos, dos descontentes, dos tristes. Mais ainda: não raramente se afirma que para ser pessoas realmente modernas, de hoje, é preciso parecer pessoas inquietas, pessoas sempre perseguidas por novos problemas, nunca contentes com as soluções muito fáceis. Talvez este nosso tempo aponte a hora mais escura da história pelo culto do mito da infelicidade.

O ser humano perdeu o gosto de brincar para divertir-se, de fantasiar, de criar surpresas, de libertar-se de esquemas e clichês para sair ao encontro do imprevisível, do novo, do maravilhoso. Tudo se tornou mais difícil, asséptico, ligado a regras precisas e irreformáveis. O ser humano abre e fecha os seus dias chatos, todos iguais, no turbilhão contínuo da pressa e da tensão. Acaba sendo pouco mais que um robô, talvez menos manobrável, mas, certamente, frio e vazio, como ele.

As pessoas acabaram se levando muito a sério, tão a sério que não são mais capazes de rir ou de sorrir. Pelas ruas das nossas megalópoles nos defrontamos, facilmente, com pessoas de rostos tensos, obscuros, carrancudos. Circulando, há muita gente "oprimida" no sentido pleno da palavra. Muita gente circula envolvida por medos, sem ideais, sem esperança e sem um amanhã.

Quando se percebe um sorriso em algum rosto, freqüentemente é somente um trejeito, é somente um torcer o canto da boca. É um sorriso que não parte do fundo, por isso é superficial, efêmero, muitas vezes irônico e zombeteiro. Nesses casos, sou tomado, fortemente, pela tentação de compartilhar a perspectiva pessimista de Teognides quando afirma: "Realmente, entre os seres humanos que o sol ilumina não há sequer um que seja realmente feliz". Infelizmente, são muitos os infelizes do nosso século, facilmente desesperados, incertos entre o suicídio e a droga, resignados ao aviso francês: "Il faut tenter de vivre" [É preciso tentar viver].

Se alguém tenta apontar o dedo para o elevado índice de cansaço, de enfado e de vazio que se lê nos rostos, ouve-se responder que também Jesus não estava isento, que ele também nunca riu, que nunca se entregou à onda da distensão e da alegria.

> Mas como! — responde um ensaísta moderno — e então porque o convidam freqüentemente para uma refeição, talvez para ver o seu rosto fúnebre? E quando multidões de crianças se amontoam ao seu redor, talvez o façam pelo prazer de observar uma cara feia? Terá, certamente, sorrido observando o fariseu, pavão sagrado, enquanto orava empertigado no altar? (V. Frezza. *Nostra vita quotidiana*. p. 64).

Riu e também sorriu alegremente, nunca ultrapassando o limiar do respeito digno a cada um. A sabedoria popular adverte que rir dos outros é, freqüentemente, uma zombaria amarga; rir com os outros é, ao contrário, um delicioso e doce humorismo.

Jesus foi, certamente, um humorista incomparável. Ou melhor, há quem afirme, com forte convicção, que o humorismo e o divertimento são o estilo de Deus, o qual "brinca" com o criado e com os seres humanos, sem nunca cansar-se. Vêm-me à mente as palavras de Chesterton:

As crianças, que são de uma vitalidade expansiva extrema, desejam as coisas repetidas e invariáveis. Elas dizem: "Faça de novo!" E a pessoa anciã repete, até quase morrer de tédio, porque não tem mais força suficiente para alegrar-se com monotonia. Pode acontecer que Deus tenha o apetite eterno da infância, porque nós pecamos e nos tornamos velhos, mas o Pai nosso é mais jovem que nós. Ele não se cansa de brincar e diz ao sol em cada manhã: "Mais uma vez!" E em cada tarde diz à lua "Mais uma vez!" E o sol se eleva a cada manhã, e a lua a cada noite se eleva (C. Maccari. *Il sacerdote oggi*. pp. 16-17).

O humorismo é surpresa, é gentileza do coração, é...

Que é o humorismo? Pergunta muito difícil! Porque, numa fórmula breve, não pode ser inserida a realidade humana, espiritual e psicológica que o humorismo comporta, com todas as complexas nuanças e tonalidades da expressão. O humorismo tem a sua base sólida num otimismo realista, na preciosa pérola do bom senso e num profundo conhecimento de si e dos outros. Ajuda a ter o justo sentido dos próprios limites e ensina, sabiamente, a não levar muito a sério aquilo que se é ou aquilo que se faz. O humorismo é alegria compartilhada, é participação, comunhão e simpatia; é um deixar-se envolver de boa mente na situação do outro para procurar juntos, para criar surpresas e depois sorrir juntos com calorosa e alegre cordialidade.

É a surpresa que Jesus ressuscitado fez a Maria Madalena em lágrimas, na manhã do "terceiro dia" (Jo 20,11-18). Ela encontrou o sepulcro vazio e pensou que mãos desconhecidas o tinham violado, roubando o "seu" Senhor. Por isso, está lá, sentada, diante do sepulcro, inconsolável, sem saber o que mais esperar e em que coisa ainda esperar. Com os seus gemidos de lamentação se comoveram os dois anjos que estavam um na cabeceira e outro aos pés do túmulo, e lhe perguntaram afetuosamente: "Mulher, por que choras?". E ela: "Levaram embora o meu Senhor e não sei onde o colocaram".

Um repentino murmúrio às costas a faz estremecer. Volta-se, e os seus olhos cheios de lágrimas entrevêem uma figura de homem que lhe repete: "Mulher, por que choras? A quem procuras?". E ela, pensando que fosse o jardineiro, lhe atribui uma grave culpa: "Senhor, se foste tu que o levaste, dize-me onde o colocaste, e eu irei buscá-lo". Jesus foi indicado por ela só com o pronome (se foste tu que o *levaste*...), para deixar compreender que ele já constitui o "tudo" de sua vida. É tão forte o amor pelo Senhor, que está até disposta a fazer tudo sozinha; está convencida de que todos os outros não se preocupam, como ela, com o Senhor.

Mas Jesus, o "seu" Jesus que ela pensa roubado, e quem sabe onde, não é mais um cadáver, está ressuscitado, está justamente ali, próximo dela. Ele, certamente, se divertiu um pouco com a cena curiosa. Mas não quis deixá-la no sofrimento. Pôs fim à "brincadeira" saindo do "esconderijo" do personagem anônimo. Dirige-se a ela com um acento inconfundível para chamá-la: "Maria!" Aquele timbre de voz lhe é conhecido. Ela leva um susto, volta-se, de repente, e prorrompe num grito vibrante de alegria e de ternura: *Rabbunì!* Derramou muitas lágrimas, e agora, finalmente, tem o prêmio do seu pranto. Uma outra surpresa agradável Cristo Ressuscitado reserva aos discípulos que voltaram a pescar nos arredores de Cafarnaum (Jo 21,1-22). E os chama das margens, mas para eles aquele cidadão nas margens, na bruma das primeiras horas da manhã que paira sobre a água, é somente uma sombra, um passante casual e nada mais. Ao contrário, à primeira vista, parece que aquele tal quer brincar com eles, convidando-os a fazer uma outra tentativa para a pesca, depois de uma noite inteira desperdiçada. No entanto, é a oportunidade boa. A pesca foi tão abundante que exige de todos um esforço enorme para arrastar a rede até a margem.

E justamente aí, na margem, João tem a intuição mais rápida que qualquer outro, os olhos se tornam mais atentos e percebe que aquele transeunte não é um desconhecido, mas é Jesus, justamente ele, ressuscitado. E diz a Pedro: "É o Senhor!" Basta isso para que cada um se sinta, imediatamente, invadido por alegria e celebre na amizade com Jesus a festa do feliz encontro.

Esse é um autêntico paradoxo e essa é a lição de vida que Jesus nos dá com o seu equilíbrio assombroso: levar cada coisa com seriedade e, ao mesmo tempo, deixar margem para o humor, para a brincadeira, para a surpresa, para o encontro amigável; empenhar-se, seriamente, com os outros e manter um ângulo da alma arejado, fantasioso, criativo, alegre. E isso quer dizer, também, enriquecer-se, expandir-se nos outros, compartilhar, dar espaço àquilo que em nós há de mais belo, de mais autêntico e de mais vivo. Somente quem vive assim sabe oferecer e infundir confiança também nos momentos mais duros e mais escuros; sabe dar um pedaço de esperança a quem se perdeu nos labirintos da vida; sabe ver o positivo também nas situações mais difíceis e intrincadas.

O humorismo de Jesus não é o humor "negro" de quem sabe fazer notar somente defeitos e lacunas com cinismo e zombaria irascível. Jesus sabe até ver defeitos, sabe enquadrá-los na devida ótica e sabe ser indulgente; sobretudo, sabe colocar em evidência o pouco ou o muito bem que consegue perceber num coração. Como naquele dia em que, nas proximidades da Páscoa hebraica em Jerusalém, ele se senta com os seus discípulos diante do pórtico das mulheres, no templo, para deliciar-se com a cena daqueles que punham o dinheiro das taxas ou de livres ofertas na sala do tesouro (Mc 12,41-44).

Uma multidão excepcional desfila diante do tesouro para fazer a oferta ritual. Jesus observa, da sua posição, de modo muito divertido, como cada um cumpre esse dever: observa que muitos ricos fazem ostentação da sua generosidade e depositam, com gestos amplos, sonoras moedas de prata ou de bronze numa das treze bocas, chamadas "trompas".

Do meio da multidão, avança uma pobrezinha na veste humilde das viúvas. Tem nas mãos somente dois trocados: tímida e envergonhada, deixa-os deslizar, quase furtivamente, no tesouro. Talvez ninguém, a não ser Jesus, tenha observado aquele gesto discreto, ou quem sabe alguém tenha sorrido diante daquele episódio simples e comovedor. O fato é que Jesus seguiu a cena atentamente, com interesse; ele sabe do sacrifício daquela esmola e elogia aquele gesto humilde: "Em verdade vos digo: esta viúva pobre deu mais do que todos os outros que depositaram no cofre. Pois todos eles deram do que tinham de sobra, ao passo que ela, da sua pobreza, ofereceu tudo o que tinha para viver (em grego: "toda a sua vida" – *hòlon tòn bion autès*)". Jesus tinha sido um profundo observador.

É a qualidade singular da gentileza de alma que tudo anota na memória do coração, reservado, unicamente, para quem cultiva em si mesmo o senso do humor, como transparece desse gesto muito humano de Jesus. O humorismo é um dom destinado a quem é humilde de coração, enquanto não estiver cheio do próprio "eu" e do orgulho; a quem está aberto ao amor terno, humilde e respeitoso para com os outros.

11.

As simpatias humanas de Jesus

A simpatia é...

É a atração ou inclinação natural de uma pessoa por outra. É o afeto espontâneo que explode entre duas pessoas. É a sintonia afetiva e imediata entre duas pessoas, pela qual uma participa generosamente das alegrias e das dores da outra, compartilha de boa mente sentimentos, projetos e opções. O termo grego (do qual o nosso é uma simples transcrição) soa *sympàtheia* e é composto de *syn* ("com, junto com") e *pathos* ("sentimento, tendência, inclinação").

Na experiência muito humana da simpatia, há o encontro e a composição harmoniosa de duas aspirações fundamentais do ser humano: a aspiração para possuir-se na unidade e, ao mesmo tempo, para abrir-se a um "tu" para acolhê-lo cordialmente e intercambiar relacionamentos interpessoais profundos. Na antipatia, ao contrário, acontecem fechamentos herméticos, recusas, crises de rejeições do outro, indiferenças, friezas e intolerâncias.

A simpatia, quando é devidamente alimentada, torna-se a base garantida da *fïlía*, isto é, uma afeição humana, natural, fundamentada na estima e na admiração pelas pessoas que estão compreendidas dentro do pequeno círculo dos familiares, ou então, em horizontes ampliados, pelos parentes, amigos e conhecidos. Essa *filia* ou inclinação afetiva se expressa, depois, em gestos concretos de acolhida, de serviço, de atenções e de cuidados delicados.

Jesus teve as suas simpatias humanas?

Lendo os evangelhos com um pouco de atenção, entre as muitas descobertas está também esta: os sinóticos não usam o verbo amar ou um seu sinônimo que tenha como sujeito Jesus e como objeto uma determinada pessoa. Há somente uma exceção, um tanto inusitada, e está em Mc 10,21, onde relata o encontro de Jesus com o jovem rico. Este deseja entrar para o seguimento do Mestre, e o tranqüiliza sobre o seu passado religioso: sempre observou os mandamentos.

Neste ponto, "Jesus, olhando bem para ele, o amou...", escreve, textualmente, o evangelista. Desabrocha justamente agora um amor pessoal, novo, cheio de simpatia em Jesus pelo jovem; um amor que expressa toda a afeição pela lealdade e pelos arroubos espirituais do jovem; um amor que é como uma explícita confirmação da sinceridade e verdade da declaração sobre a própria honestidade de vida por parte de quem havia perguntado o que devia fazer para conseguir a vida eterna.

O quarto evangelista, pelo menos em dez versículos, fala de um afeto particular de Jesus por alguma pessoa. Cinco vezes é objeto de seu amor um dos discípulos que permaneceu anônimo e é chamado o discípulo que Jesus amava (Jo 13,23; 19,26; 20,2; 21,7-20); e uma tradição muito confiável o identificou com o mesmo autor do quarto evangelho.

Jesus expressa predileções especiais pela família de Betânia, isto é, por Lázaro, Marta e Maria; de fato, o evangelista João escreve: Jesus amava Marta e sua irmã e Lázaro (11,5-35). Os sentimentos genuínos, profundos e cheios de calor humano, Jesus os manifesta por ocasião da morte de Lázaro: diante do seu sepulcro, rompe o dique da comoção íntima e derrama lágrimas (Jo 11,35). É tão eloqüente e tão autenticamente humano o seu testemunho de afeto que é reconhecido até pelos judeus presentes: "Vede como ele o amava!" (v. 36).

Jesus alimentou um relacionamento particular de confiança íntima com aqueles que havia chamado para o seu seguimento, com a intenção de admiti-los a uma sempre maior familiaridade consigo e com o Pai: "Eu vos chamo amigos, porque vos dei a conhecer tudo o que ouvi de meu Pai" (Jo 15,15). E pouco antes havia afirmado: "Quem acolhe e observa os meus mandamentos, esse me ama. Ora, quem me ama será amado por meu Pai, e eu o amarei e me manifestarei a ele" (Jo 14,21). Mas também, dentro do pequeno círculo dos "seus", ele reserva atenções especiais para três discípulos: Pedro, Tiago e João (cf. Lc 5,37; 9,2; 14,33). Naturalmente, o elenco dos prediletos não é tomado em sentido exclusivo, diversamente deveríamos excluir da roda dos mais queridos também Maria e José, o que seria pouco verossímil e, psicologicamente, incompreensível. Certamente, ele amou com ternura infinita sua Mãe e não somente pelos vínculos do sangue, mas também pela humilde, generosa e sofrida participação dela na difícil missão da salvação de todos os seres humanos. "De resto, basta ler a cena da entrega da própria Mãe ao apóstolo João (cf. Jo 19,26ss): o evangelista achou por bem destacar que a confiou ao discípulo predileto, mas considera supérfluo especificar que um amor muito profundo ligava Jesus à própria Mãe" (A. Penna).

Portanto, às voltas com esse rápido resumo de textos, é lícito pensar em autênticas simpatias de Jesus. No encontro com alguns, ele foi tocado, profundamente, por sentimentos muito humanos de terna predileção. E é também verdade que dos textos evangélicos estão completamente ausentes referências que atribuem a ele sentimentos caprichosos, antipatias e gestos de desprezo e de rejeição.

Ele, sendo Deus, amou desde sempre todos os viventes, os infinitamente pequenos e os grandes; nunca começou a amá-los, porque os amou desde toda a eternidade. Mas como homem entre os seres humanos, começou a amar no tempo, em horas e em ocasiões precisas, em encontros pessoais e concretos, com uma afetividade gratuita, terna e doce. E esse resultado é sinal muito eloqüente da autenticidade humana dos seus sentimentos.

A gratuidade na simpatia

A simpatia que desabrocha, repentinamente, como por encanto, entre pessoas, não é alimentada com favores, mas com a gratuidade, com a retidão da vida, com os préstimos pessoais e a benevolência. São garantia tranqüilizadora o bom caráter, a discrição, a fidelidade e a integridade moral. A delicada flor da simpatia não pode prosperar no "terreno" onde abundam, como rochas duras, teimosias, deslealdades, injustiças e crueldades.

Com o passar do tempo e lentamente, a simpatia se abre a um crescendo de confiança e de intimidade e leva, também, a corrigir eventuais erros, desvios e defeitos, não poupando, quando necessário, a repreensão. É o caso da "dura" lição dada por Jesus aos dois irmãos prediletos, Tiago e João (cf. Mc 10,25-40; Lc 9,54-55), e a João particularmente (cf. Lc 9,49-50).

E é também aquilo que o Mestre faz com Maria, que, toda preocupada em prestar uma acolhida digna ao hóspede especial, não suporta que a irmã esteja completamente ocupada em escutar o Mestre, descuidando, totalmente, os afazeres domésticos. Por isso, no seu ressentimento, não consegue conter-se e protesta: "Senhor, não te importas que minha irmã me deixe sozinha com todo o serviço? Manda, pois, que ela venha me ajudar!" (Lc 10,40). É uma sincera e solene reprimenda a Jesus por aquilo que parece preguiça da irmã.

Mas Jesus responde com uma afetuosa advertência à trabalhadora, exortando-a a atender às exigências da casa, mas sem ceder às preocupações e sem deixar-se absorver muito pelas coisas. "Marta não era do tipo que renuncia à ultima palavra", observa Garofalo, "mas desta vez cala-se porque Jesus lhe demonstrou que a queria realmente bem".

É este o rosto autêntico da simpatia de Jesus. E é uma simpatia que não se submete àquelas fraquezas que de boa mente nos permitimos entre "amigos", quando se está disposto a fechar ambos os olhos para não ver no outro erros e linhas tortas que devem ser corrigidas. Ele, ao contrário, que quer bem realmente, não engana ninguém nunca, não cede às ambigüidades, às falsidades, mas solicita do amigo o empenho cotidiano e o ajuda a realizar em plenitude a sua personalidade.

12.

Cristo e o silêncio

Palavra e silêncio

A palavra que eu pronuncio e escuto é um autêntico prodígio! É luz indispensável para a mente. É o veículo privilegiado de mensagem de vida e de amor. Através da palavra, o ser humano dialoga, propõe, interroga, comunica, enriquece-se interiormente. Ele é *Homo loquens*. Mas a dimensão dialógica exige a escuta do "outro" para conhecê-lo e para comunicar-se com ele. Para escutar é preciso calar. Por isso a necessidade de um espaço de silêncio para acolher a palavra e dar-lhe profundidade de ressonância interior. E é no silêncio, realmente, que a palavra alcança a própria fecundidade; é no silêncio que ela assume as credenciais de credibilidade e adquire eficácia operativa. Só as palavras nascidas do silêncio são atendíveis e convincentes, porque se tornam vida e não simples som.

Palavra e silêncio tecem a trama de todo diálogo. E há, aí, uma estreita correlação entre palavra e silêncio. Este não pode existir sem a palavra, e a palavra resultaria vazia e ineficaz sem o silêncio. "A palavra não tem sentido completo e não tem incidência profunda sem o espaço de silêncio que a precede, a acompanha e a sela" (G. Marchesi. Parola e silenzio dinanzi al mistero di Dio. *Civ. Cat.* 138, p. 375, 1987). O silêncio é a última palavra do discurso. É plenitude de palavra. É diálogo sem palavras. É a medida de tempo necessário para amadurecer uma mensagem no coração. Conseqüentemente, é muito pouco defini-lo, simplesmente, como ausência de qualquer som ou rumor; é, ao contrário, uma realidade plenamente positiva: é escuta intensa da Palavra de Deus. Daqui se compreende que não se escolhe o silêncio pelo silêncio, mas o silêncio para a escuta, para o diálogo interior e prolongado, para a comunhão profunda.

O sentido altamente teológico e vital dessa realidade foi expresso de modo feliz por santo Agostinho naquele dito que se tornou clássico: *Verbo crescente, verba deficiunt*; isto é, quanto mais cresce a Palavra de Deus no nosso coração, tanto mais se sente a necessidade de apagar as pobres e pálidas palavras da nossa boca. A palavra humana emudece diante da insondável riqueza da Palavra de Deus. "O Pai pronunciou uma palavra, e foi seu Filho — afirma são João da Cruz —, e essa fala sempre em silêncio eterno, e no silêncio deve ser escutada pela alma" (*Dichos de luz y amor.* Madrid, BAC, 1978. p. 417, n. 99).

A pessoa divina de Cristo é a única e irrepetível Palavra do Pai. Ele, embora vivendo, incessantemente, a comunhão íntima e vital com o Pai, na sua experiência humana procurou o silêncio dos lugares solitários para entrar em mais intensa comunhão trinitária e fundir o seu "Eu" no "Tu" do Pai.

A lição do silêncio

Por isso, o desejo intenso pelo silêncio! O Mestre se afasta dos centros habitados, isola-se do clamor do povo e procura a solidão para ficar em colóquio com o divino interlocutor, acolhendo as suas exigências, palavras e projeto. Jesus não é o solitário da montanha ou o eremita do deserto que foge do convívio humano e detesta a convivência social. Muito ao contrário! Ele percorre os caminhos da Palestina e de boa mente encontra as pessoas do caminho: saúda e sorri, fala e consola, abençoa e cura, demora-se e pernoita em casa de amigos.

Mas sabe, também, deixar-se reabsorver pelo silêncio para não faltar ao colóquio com o Pai. A vida escondida em Nazaré o confirma. Ele fez calar uma densa cortina de silêncio em um espaço de tempo, durante trinta anos. O evangelista Lucas, depois de haver narrado o encontro de Jesus com os doutores no Templo de Jerusalém, conclui: "Jesus desceu, então, com seus pais para Nazaré e era obediente a eles... E Jesus ia crescendo em sabedoria, tamanho e graça diante de Deus e dos seres humanos" (Lc 2,51-52).

Nazaré é uma cidadezinha que se esconde no centro das montanhas da Galiléia superior, na parte solitária de um vale. Aí, Jesus estabelece sua morada e não se sabe mais nada sobre ele. Em um espaço sem tempo e sem medida, reina soberano o silêncio de Jesus e o silêncio sobre Jesus. Os escritores apócrifos não compreenderão e não aceitarão esse silêncio. Por isso darão asas à fantasia para atribuir a Jesus numerosos e extravagantes prodígios.

Os anos obscuros de Nazaré o vêem em ocupações humildes, na veste de carpinteiro-marceneiro (em aramaico: *naggar*). As atividades manuais não eram muito consideradas no mundo greco-romano, por isso eram reservadas aos escravos e prisioneiros. No mundo hebraico, ao contrário, eram uma obrigação necessária de qualquer pessoa. No entanto, ao trabalho se acrescentava, também, o dever do estudo, que consistia no conhecimento e na transcrição das Sagradas Escrituras. Jesus se consagra de boa mente às ocupações comuns, habituais, ao alcance de todos, e não parece que haja freqüentado escolas, pelos menos as superiores (Jo 7,5).

Aqui, portanto, durante anos, os seus concidadãos encontram Jesus e percebem nele nada mais que um homem piedoso, de conduta exemplar. Ele sabe tão bem esconder-se no trabalho cotidiano que Natanael, que mora na cidadezinha de Caná, a alguns quilômetros de distância de Nazaré, não sabe, realmente, nada sobre ele (Jo 1,46). E todos os que o conhecem sabem, somente, que ele é filho do carpinteiro.

Ali em Nazaré, desconhecido de todos, aprende aquele estilo de vida orante e reservado que viverá, também, no período da sua breve missão e que participará aos seus discípulos. No seu itinerário terreno, costuma retirar-se em oração para que, naqueles momentos, somente o Pai seja todo o seu mundo, a sua realidade, a sua vida. O evangelista Mateus relata: "Subiu à montanha, a sós, para orar. Anoiteceu, e Jesus continuava lá, sozinho" (Mt 14,23). A sua oração, feita no silêncio, não é nada mais que uma sempre renovada comunhão com o Pai. E somente com o Pai a sua solidão se torna comunhão muito fecunda.

Daí se conclui que, para o Mestre e para cada um de nós, a solidão (quando não é marginalização social e moral) não é nunca uma fuga, mas um encontro pela comunhão. A solidão unifica a personalidade e une as pessoas. Quem se adentra na solidão, como Cristo, certamente não quer isolar-se dos outros, mas procura encontrar a si mesmo por uma profunda comunhão com Deus e com os irmãos. O isolamento, ao contrário, quebra os liames com os outros, afasta do próximo, torna duros e insensíveis, favorece a misantropia e o fechamento egocêntrico. Todo aquele que opta por fechar-se em si, entristece-se em saudades e remorsos; quem, ao contrário, se abre, floresce em expansão e se aproxima daqueles que ama com amor puro e elevado.

Na solidão dura e silenciosa do deserto de Judá, o Espírito "empurra" Cristo – "*ekbàllei*, o impele ou lança fora", assim se expressa Marcos no original grego. Lucas, ao contrário, usa uma expressão mais doce: Jesus, "no Espírito, era conduzido (em grego: è*ghetai*) pelo deserto" (Lc 4,1). Lá, "entre as feras", Cristo vive o inexprimível laço que o une ao Pai. Lá, onde não estão senão o Pai e ele, no espaço de quarenta dias e quarenta noites, "a palavra é a resposta, o amor é a contrapartida de amor, o dom e a retribuição do dom", constituem o íntimo relacionamento trinitário.

Realmente, alguma coisa grandiosa e fascinante envolve a solidão e o silêncio de Jesus se ele de boa mente se imerge nela e gosta de passar a noite em oração em lugares solitários: "Foi à montanha para orar" — observa Lucas — "e passou a noite toda em oração" (Lc 6,12). Os mesmos apóstolos, surpreendidos pelo modo de orar do Mestre e desejosos de experimentar a mesma experiência, fazem aflorar do coração o pedido: "Senhor, ensina-nos a orar!" "Quando orardes, dizei: Pai..." (Lc 11,1-2). E noutro lugar lhes repete: "Vinde, a sós, para um lugar deserto" (Mc 6,31). Eis revelado o altíssimo e singular objetivo do silêncio e do deserto! Deixamo-nos atrair pelo silêncio para encontrar Alguém, para tecer um discurso íntimo de amor com Deus. Confirma-se, assim, uma vez mais, que o silêncio é a escolha dos fortes e a capacidade dos sábios. Adentra-se no deserto para encontrar-se a si mesmo, para colocar ordem nas próprias idéias, para fazer emergir, novamente, das profundezas o essencial e renovar as opções. Mas o silêncio total do ser humano é plenitude de Palavra de Deus, o qual gosta de falar no silêncio e, quando fala, não faz nenhum rumor. Como fez com Maria: a criatura do silêncio. Nela, no mais profundo dos silêncios, encontrou calorosa acolhida o Verbo, a Palavra de amor pronunciada por Deus desde sempre e para sempre. Um silêncio absoluto de todo o seu ser. Um silêncio da alma e do corpo imaculado para acolher Deus.

Chega aqui, muito a propósito, uma boa lembrança para restituir ao silêncio a sua voz e o seu valor. Em uma sociedade em que pessoas gritam aos quatro ventos e se pisoteiam as verdadeiras exigências dos seres humanos, nasce espontânea a saudade do silêncio, o desejo de apagar as palavras manipuladas para escutar, novamente, as palavras do silêncio. O rumor não traz nada e prejudica a todos. E se sabe que, onde se desencadeiam barulho e verbalismo, não circulam nem grandes idéias nem ideais.

13.

Cristo e a sexualidade

Amor e sexo

A sexualidade abrange o indivíduo no seu conjunto: físico e espírito. É o sexo que distingue, marcadamente, o binômio "homem-mulher", colocando em destaque os respectivos caracteres. Por isso o sexo em si não é nem bom nem ruim; o uso que se faz dele que o torna bom ou ruim. A diversidade dos sexos constitui uma autêntica riqueza para toda a humanidade, mas exige em cada um profundo senso de responsabilidade e elevada maturidade de comportamento para realizar o encontro "homem-mulher" na autêntica dimensão do amor ablativo. O amor não é sexo, como o sexo não é amor. E continua sendo também verdadeiro que o amor se expressa, muitas vezes, com o sexo. No entanto as duas realidades permanecem sempre bem distintas entre si: o amor é realidade da esfera psicológica, o sexo, da realidade fisiológica. O amor, pela sua natureza, tende a permanecer no plano do espírito, e se dá forma ao sexo é somente para elevá-lo e enobrecê-lo. Toda vez que o ser humano degrada o amor nos estreitos limites do sexo, torna-se, miseravelmente, vítima dos instintos, na esfera baixa das necessidades biológicas, na ausência total de normas morais.

É principalmente daqui que se deduz a abissal distância entre o ser humano e o animal: enquanto para o animal o instinto é a única regra de comportamento, para o ser humano, ao contrário, é a razão e o coração que presidem opções, gestos, gostos, responsabilidades e liberdade. Somente o ser humano tem a faculdade de tomar consciência dos seus atos, de orientar a própria vida sentimental e afetiva, as exigências físicas e espirituais e as aspirações sublimes pessoais. Somente o ser humano pode e sabe tender à plena maturação biológica, psicológica e espiritual. E isto é como um verdadeiro fruto maduro do amor.

Cristo sabe muito bem tudo isso, razão pela qual não se resigna a deixar a mulher num plano de inferioridade, onde a havia confinado a retrógrada mentalidade rabínica. Ele reage energicamente e considera a mulher igual em tudo ao homem; reserva para ela escuta e atenção, presta-lhe obséquios e respeito, valoriza-a nas suas múltiplas riquezas, considera-a capaz de acolher a Palavra de Deus e lhe dirige generosos elogios pela fé demonstrada.

A mulher é toda sensibilidade, afeto, dedicação, laboriosidade, dons próprios em vista da sua missão complementar à do homem, na qual predominam a razão, o cálculo, a vontade e a força. A mulher, portanto, não é nada inferior ao homem. Ambos estão no mesmo plano, embora cada um tenha uma personalidade própria, com empenhos específicos para desenvolver as características próprias. Na cultura hebraica, ao contrário, haviam se estratificado, com o tempo, diferenças sociais, jurídicas, morais e culturais entre o homem e a mulher. O historiador de Israel, José Flávio, na sua obra *Contra Apião*, resume a mentalidade hebraica em uma lacônica declaração: "A mulher é em tudo inferior ao homem" (II, 33,34). Os rabinos, nas sinagogas, onde se sentavam mestres e guardas da lei, não hesitavam nada em recitar a seguinte oração impregnada de misoginismo: "Eu te dou graças, Senhor, porque não me fizeste nascer infiel, e não me criaste mulher" (*Tos. Ber.* VII, 18).

A mulher no judaísmo antigo

Quanto ao estudo da *Torá* (a lei), esta era proibida às mulheres, como o confirma também o nome dado pela escola anexa à sinagoga (*andrèion* = para a classe masculina). "Seria melhor queimar todas as palavras da Torá antes que colocá-las nas mãos de uma mulher", sentencia com crueza o Talmude palestinense (*J. Sot.* III, 4). Mais ainda, as mulheres não eram sequer admitidas a testemunhar, porque não consideradas dignas de fé (*Shev.* IV, 1).

Não tinham a obrigação de participar nas peregrinações que se faziam três vezes ao ano por ocasião das três solenidades principais (Páscoa, pentecostes (ou *Shavuot*) e a festa dos Sinos (*Sukkot*) (*Hag.* I, 1). Não eram obrigadas à récita do *Shemá*, nem usavam os filactérios para a oração (*Ber.* III, 3). No templo, podiam ter acesso somente ao átrio reservado para elas (*gynaikònitis*), que se encontrava além do pórtico dos pagãos, mas eram excluídas da área mais interna, onde eram admitidos somente os homens (cf. *Ant. Jud.* XV, 418-419). Ainda, no ciclo das menstruações, não eram admitidas nem no átrio dos pagãos por motivo da "impureza feminina" (*niddà*) (cf. cc. 12-15, 19ss).

No plano jurídico, eram equiparadas aos escravos e às crianças. Não podiam testemunhar, como já dissemos, e, em matéria de sucessão hereditária, tinham direito a ela somente no caso em que não houvesse descendentes masculinos (*Bab. Ba.* VIII, 2). Não eram consideradas "sujeitos jurídicos", não entravam no cálculo numérico dos habitantes e levavam a vida, prevalentemente, dentro das paredes domésticas. Fílon de Alexandria distingue, claramente, o papel do homem e da mulher, sintetizando assim: "À mulher coube a vida doméstica, ao homem a vida política" (*De Vir.* 19).

Por ser ela, substancialmente, "coisa", a mulher passava do poder despótico do pai-senhor ao do marido, o qual tinha sobre ela todo direito, até mesmo o de dispensá-la com a carta de repúdio. Somente o marido tinha a faculdade de apelar para a instituição do divórcio. Os rabinos, então, multiplicaram, arbitrariamente, as motivações que legitimavam o divórcio: bastava que a mulher tivesse deixado queimar alguma comida ou que houvesse esquecido ou transgredido uma ordem qualquer do marido para que este pudesse recorrer ao divórcio (cf. Dt 5,1ss). A estéril, habitualmente, era repudiada e se tornava objeto do desprezo geral (*Yev*, VI, 6).

No entanto, num contexto cultural de tão marcante marginalização, não faltam páginas (poucas, na verdade) que exaltam a mulher como companheira e complemento do homem. O sábio Sirácida canta-lhe a graça (7,19) e elogia a ajuda recíproca entre mulher e marido, colocando-a acima daquilo que acontece entre amigos (40,23). O autor dos Provérbios é pródigo em elogios à esposa sagaz e diligente: "Do Senhor vem a mulher prudente" (19,14). E sabiamente afirma que "quem encontra uma boa esposa, encontra a felicidade" (18,22).

Mas a graça de uma mulher deve abrir-se ao temor de Deus, porque "o encanto é enganador e a beleza, passageira; a mulher que teme o Senhor, essa sim, merece elogios!" (31,30). Também o misógino Fílon reserva algum elogio endereçado à mulher quando afirma que "a casa que não tem mulher é imperfeita" e que "a sua ausência é, realmente, uma desgraça" (*Quaest. Gen.* I, 26). Muitos rabinos acrescentavam que "um homem que não tem mulher não é um homem" (*Talmude bab.*, *Yev.* 63).

A mulher, protagonista na história de luminosas páginas de bondade e de heroísmos, de amor e de dedicação, de paixão e de sacrifícios, tem a sua digna presença também no Evangelho, e entra como mãe, irmã e senhora na história de Jesus, que, bem longe de tratá-la como ser inferior em busca de promoção, realiza em relação a ela gestos significativos que são, indubitavelmente, novos para o ambiente e a práxis corrente.

Respeito e discrição de Jesus por algumas "fraquezas"

Jesus aceita de boa mente que também as mulheres entrem na esfera dos seus encontros. Expressa, constantemente, por elas uma atitude de respeito e de atenção, sem nunca cair no galanteio formal. Encontra-as e fala com elas com grande liberdade e desenvoltura; aceita seus gestos de gentileza e de afeto e deixa que um grupinho delas cuide muito concretamente dele e dos Doze. Não economiza admiração e elogios pelo comportamento excepcional de algumas e é exigente com elas como é exigente com todos os homens. Na mulher ele vê uma pessoa com a mesma dignidade que os homens. Esta é a verdade que ele reafirma, e a verdade não é nunca exagerada, mas é a sua natureza absoluta, totalitária.

Não tem medo de opor-se e ser polêmico em relação à mentalidade corrente, e não hesita em minar pela raiz todo o complexo de preconceitos de falsa superioridade do homem e de mesquinho desprezo pelas mulheres. Antes, não perde ocasião para atirar-se, duramente, contra o "burguesismo" dos homens e contra os malignos representantes do legalismo hebraico, os quais "parecem justos diante dos outros, mas por dentro estão cheios de hipocrisia e injustiça" (Mt 23,28). Ao mesmo tempo, porém, Jesus evita intervenções clamorosas que possam provocar mal-entendidos e dificuldades, como, por exemplo, a escolha de algumas mulheres como apóstolas e missionárias oficiais.

A reverente delicadeza de Jesus, a sua amável discrição e os seus finos sentimentos estão especialmente presentes onde abundam a miséria e o pecado e onde a divina misericórdia se faz mais urgente. Todo estudioso atento do Evangelho não pode ficar, benevolamente, surpreso em destacar como Jesus tenha poucas referências à sexualidade e, especialmente, às "culpas" que dizem respeito a essa esfera específica. No episódio da pecadora na casa de Simão (Lc 7,36-50), no seu encontro com a samaritana (Jo 8,1-11), Jesus se abstém de fazer qualquer referência à espécie de pecado cometido. Não sublinha os desvios morais, não aponta o dedo para indicar turbinosas paixões carnais.

Escribas e fariseus arrastam para diante de Jesus uma adúltera. Demonstram, abertamente, que não têm sequer um fundo de respeito pela pecadora. São insensíveis ao seu drama e à sua vergonha, que queima por um pecado que se ousa cometer só às escondidas; remexem, rudemente, numa ferida que precisaria ser amenizada e medicada.

Jesus, ao contrário dessa multidão zombeteira, naquela mulher humilhada vê e respeita uma pessoa; não se permite sequer lançar os olhos na direção daquela miséria e traça sinais na terra; não profere anátemas nem imperativos morais. Pede, com voz pacata, aos presentes que procurem se o seu coração está livre ou não da mesma mancha moral. É assim que ele desmascara, definitivamente, o engano daqueles que não admitem, nunca, nem conversões nem resgates.

Ele não nega o pecado daquela mulher dilacerada pela humilhação, mas se recusa a condená-la com uma "justiça" sem amor, como pretendem os fariseus: "sepulcros caiados". Escolhe acreditar no futuro da mulher, nas suas possibilidades de bem. Renova-a com o seu amor e com o seu perdão, convencido como está de que há verdadeira justiça somente com o amor.

É precisamente aqui o nó de todo o problema: o amor. Somente quem ama sabe perdoar e advertir com aquela delicadeza que não fere, mas constrói para a vida.

14.

Nicodemos encontra Jesus (Jo 3,1-21)

Nicodemos e Jesus: dois rabis no mesmo nível

É também verdade que a aversão e a hostilidade dos fariseus e dos escribas contra Jesus é tenaz e contínua. Para eles, de fato, ele é um sacrílego transgressor do sábado, um grosseiro desprezador das tradições mosaicas, um amigo da "escória" da sociedade (publicanos e prostitutas), um revolucionário perigoso. Por isso o hostilizam e o espiam implacavelmente; aproveitam toda ocasião para armar-lhe ciladas enganosas na esperança de apanhá-lo em alguma falha e fazê-lo calar para sempre. Com caprichosa e maligna insistência, apertam-no com objeções pedantes e com fúteis questões de moral, política, tradições e formalismos obsoletos. Porém é também verdade que alguns fariseus fazem exceção, digna de elogio, enquanto manifestam o desejo de entabular amigáveis relacionamentos com o Mestre de Nazaré. Talvez por oportunismo ou por interesse inconfessado (por temor da multidão que o admira e o aplaude!), ou quem sabe por sincera cordialidade e aberta simpatia. O fato é que alguns o convidam para tomar refeição em sua casa. É o caso, por exemplo, de Simão (Lc 7,36-50) e também de José de Arimatéia, membro do Sinédrio, o qual não compartilha, de modo algum, com o veredicto de morte decretado contra Jesus pelos seus colegas (Lc 23,51); e depois dos trágicos acontecimentos da Paixão, dirige-se a Pilatos para pedir o cadáver do crucificado, e doa a própria tumba junto ao Calvário para que fosse lá sepultado dignamente (Mt 27,57-60).

Também Nicodemos, doutor da lei, deseja aproximar-se do jovem rabi da Galiléia, que admira secretamente, mas quer fazê-lo sem expor-se à curiosidade dos outros. Prefere, por isso, dirigir-se a ele clandestinamente, protegido pelas sombras da noite (Jo 3,2). Apresenta-se com um *nós* ("*nós* sabemos que vieste como mestre da parte de Deus..."). Quer, talvez, deixar-se entender que é porta-voz dos notáveis do judaísmo? É bem provável. Porém é certo que reconhece em Jesus o *status* de enviado por Deus ("Ninguém é capaz de fazer os sinais que tu fazes, se Deus não está com ele", v. 2). Deve-se notar, também, que Nicodemos se preocupa muito com o situar-se no plano do *saber* ("nós *sabemos*..."), talvez porque quer colocar-se no mesmo nível, como de rabi para rabi, no mesmo nível cultural.

O "mestre em Israel" (v. 10) se introduz com a declarada intenção de concentrar toda a sua reflexão na pessoa de Jesus (v. 2), que deveria ser, para ele, o objeto da conversação daquele primeiro encontro. Jesus, ao contrário, respondendo, se apressa em desviar a atenção para um outro problema e logo alarga os seus horizontes: propõe-lhe a exigência do renascimento espiritual: "Se alguém não nascer (*ghennèthe*) do *alto* (*ànothen*) não poderá ver o Reino de Deus" (v. 3). Assim, leva o seu interlocutor para um outro plano e eleva o seu diálogo, no qual aparecem três importantes termos gregos que, segundo uma técnica narrativa do estilo do quarto evangelista, se prestam a um duplo significado: um terreno humano, simples, e um outro teológico, elevado, sublime. Os termos são: *ghennào* (que pode significar "nascer em sentido espiritual" e "nascer em sentido físico"), *ànothen* (com o sentido "do alto" e "de novo") e *pneuma* (entendido como "vento, sopro, respiro" e como "espírito vivificante, divino").

A exigência do "renascer"

Nicodemos, às voltas com a ambivalência dos termos, fica prisioneiro das suas certezas religiosas e dos seus preconceitos; não consegue acompanhar o brilhante rabi. Por isso pensa em dirigir-lhe duas perguntas com base no estilo dos diálogos rabínicos: "Como pode alguém nascer se já é velho? Ele poderá entrar uma segunda vez no ventre de sua mãe para nascer?" (v. 4). Apesar de todo o *saber* teológico, Nicodemos não consegue acompanhá-lo; preocupado com o mistério, não compreende aquilo que escuta, porque mede as realidades de Deus com o metro do ser humano. Mediante o expediente da dupla pergunta, faz uma última tentativa de trazer, novamente, o diálogo para âmbitos mais compatíveis com a razão. Mas a razão já não é suficiente para garantir ao ser humano o acesso ao Reino; o Espírito Santo deve, necessariamente, intervir, ele que transforma o ser humano em uma nova criatura.

A mensagem central do diálogo é justamente o *renascer*. E sobre isso Jesus insiste com o seu interlocutor. Ou melhor: dirige-se a ele, por uma segunda vez, com uma fórmula solene para reforçar o seu anúncio: "Em verdade, em verdade te digo: se alguém não nascer da água e do Espírito, não poderá entrar no Reino de Deus. O que nasceu da carne é carne; o que nasceu do Espírito é espírito" (vv. 5-6). À tentativa vã de Nicodemos de explicar com a razão as declarações sobre o "renascimento", Jesus responde anulando qualquer pretensão do ser humano e reforçando que permanece um abismo que não pode ser preenchido entre "carne" e "Espírito", porque são duas realidades em extremidades opostas: o Espírito se refere àquilo que é do alto, do céu, de Deus; a carne, ao contrário, indica aquilo que vem de baixo, da terra, e é coisa frágil, pobre, caduca.

O Espírito transcende todos os recursos e as possibilidades do ser humano. Por isso o "mestre em Israel" não se apressa em catalogar como impossível aquilo que é humanamente inexplicável. Um novo nascimento pela intervenção do Espírito não é impossível! Ao contrário, é possível e real, embora permanecendo muito misterioso. De resto, pode-se pensar na "misteriosidade" do vento. "Sopra onde quer e ouves a sua voz, mas não sabes de onde vem, nem para onde vai: assim é também todo aquele que nasceu do Espírito" (v. 8).

Segundo uma antiqüíssima convicção muito difundida na cultura semítica, o vento era considerado uma realidade cheia de "mistério", uma realidade que não pode ser pega, imprevisível e invisível, mas se percebe a sua passagem, e os efeitos são perceptíveis a olho nu: o vento sopra, assobia, agita as folhas, espalha o perfume no ar, leva embora as nuvens e torna o céu azul, curva os galhos e arranca as árvores. Então, como o vento existe e é percebido nos efeitos mesmo que seja (era!) inexplicável, assim é com o Espírito: existe, realiza prodígios, transforma pessoas e situações, mesmo que permaneçam misteriosas a sua existência e a sua ação na história dos seres humanos.

O Vento que sopra do Alto age com soberana liberdade *onde* quer, *como* e *quando* quer; doa-se livremente e de modo imprevisível. A sua chegada, a sua ação secreta e a incidência da sua obra ficam escondidas ao ser humano. Porém, a certeza absoluta é que ele se torna o novo princípio vital do ser humano; age intimamente nele para modelá-lo; à imagem de Cristo: homem perfeito (Ef 4,13; Cl 1,28). Por isso não bastam a esperança, a espera ou o desejo do Reino — afirma Felice Ramos — é indispensável a presença do Espírito, que, através de Jesus, entra em cena como um agente regenerador".

Abrir-se ou fechar-se ao Espírito?

Às voltas com a revelação que o persegue e o interpela, o rabi do judaísmo se reconhece impotente e permanece apenas na periferia do mistério; é como um cego que anda às apalpadelas no meio das trevas. Enquanto não se abre à luz fulgurante do mistério, será impossível o encontro autêntico e profundo com a sua própria vida e com a verdade de si mesmo. É a luz do alto que habilita os olhos e o coração a abrirem-se dentro do horizonte opaco da vida. Mas tudo acontece não por acaso ou por magia, senão através da livre resposta do ser humano.

A luz veio ao mundo, mas as pessoas amaram mais as trevas do que a luz, porque as suas obras eram más. Pois todo o que pratica o mal odeia a luz e não se aproxima da luz, para que suas ações não sejam denunciadas. Mas quem pratica a verdade se aproxima da luz, para que suas ações sejam manifestadas, já que são praticadas em Deus (vv. 10-21).

Acontece, freqüentemente, que em muitos existe o medo de adequar-se às exigências da verdade. O ser humano que escolhe as trevas se esconde da luz e a considera uma inimiga, porque obriga a fazer cair a máscara de ocasião e a revelar o seu verdadeiro rosto. Sabe-se bem que nem sempre o ser humano está disposto ao encontro com a luz e a abandonar a imagem falsa que construiu de si. Quando os olhos e o coração estão fechados, prisioneiros do emaranhado dos verdadeiros e dos falsos problemas, ele tem dificuldade em abrir-se para o encontro e para o diálogo com a Verdade. É mais fácil, então, o fechamento intimista e o voltar-se sobre si mesmo.

Porém, se o ser humano consegue libertar-se da escuridão das trevas para tornar-se disponível à ação do Espírito, então a sua vida sai do anonimato e é nova; toda a sua pessoa (coração, mente, inteligência, vontade, espírito, energias e sensibilidade) é envolvida na fascinante aventura da vida. Por isso acontece, inevitavelmente, que, quanto mais ele se abre ao Espírito, tanto mais se aproxima da verdade de si mesmo.

15.

O cego de nascença: quem vê e quem acredita que vê (Jo 9,1-41)

Um trecho fascinante

É um texto único no seu gênero. Aqui, oferece-se ao leitor uma narração envolvente ao máximo, cheia de suspense e de vivacidade, e rica de personagens. De fato, intervêm os discípulos (v. 2), os vizinhos de casa e conhecidos do miraculado (vv. 8-12), um grupo de fariseus, que é declaradamente contra Jesus (v. 16), e os pais do cego de nascença, que não querem ser envolvidos no acontecimento (vv. 20-22). No entanto, os personagens que exercem o papel de primeiro plano são: *Jesus*, que se revela como aquele que abre os olhos porque se apaga a "luz"; *os seus adversários* (indicados como judeus ou fariseus), que se obstinam em permanecer na escuridão da própria incredulidade; e *o cego* curado, que não tem nenhuma prevenção em relação ao seu benfeitor e se declara disponível a crer nele.

As cenas dos encontros se desenvolvem com movimento frenético e em constante tensão: ora aberta, ora escondida. Os interrogatórios orquestrados pelos judeus se sucedem rápidos e pontuais, na linha de duas orientações opostas: de um lado, o cego que recebe de Jesus o dom da luz dos olhos e da fé; do outro, os judeus que se afundam nas trevas; de um lado, um homem simples, sem instrução, mas dotado de bom senso, que se abre com total disponibilidade para acolher a "luz" Cristo; de outro, os presunçosos tutores do sábado, que acreditam ver e, ao contrário, andam, às apalpadelas, na escuridão mais densa.

Estamos diante de uma página que revela logo ao leitor todo o seu perene frescor; e, na imediata eficácia narrativa, não falta cá e acolá nem mesmo aquele toque de arguta ironia. No constante teor dramático do trecho, Cristo é o contínuo ponto de referência, o centro de interesse; tudo se desenvolve em função dele e todo personagem se move em função dele. Ele é o grande presente na história dos seres humanos! Com a sua divina palavra lança fachos de luz em cada ser humano e depois provoca um juízo, do qual brota um veredicto inapelável... A sua presença não pode ser anulada na nossa vida como se se passasse um apagador; não podemos libertar-nos dele com uma sacudida de ombros ou fechando-lhe a nossa porta contra seu rosto.

O cego se abre à luz

O evangelista João, quando narra os particulares do milagre, esgota tudo em somente dois versículos (vv. 6-7). Mais: pode-se dizer que articula a narrativa com quatro verbos simples que o miraculado repetirá com eficácia telegráfica, quase como um refrão: "Eu fui, lavei-me e comecei a ver" (vv. 7.11.15). O autor, ao contrário, tem a intenção de dar grande destaque ao "terremoto" que esse milagre determina no mundo religioso dos judeus, os quais, rígidos guardas do sábado, se apressam em instruir um processo, no qual o único imputado é Jesus; os chefes da acusação alinhavam com incomparável diligência e, em três sucessivas audiências, convocam, na qualidade de testemunhas, o miraculado e seus pais.

Seus pais mostram logo aquilo que realmente são: prisioneiros do medo! Sentem-se ameaçados de excomunhão, isto é, temem ser expulsos da sinagoga e banidos da sociedade civil, expostos ao desprezo e à maldição de todos. Por tal risco, é bem compreensível a sua atitude. Não querem, de maneira alguma, comprometer-se. Confirmam a identidade de seu filho, que realmente nasceu cego, mas quanto à modalidade da cura não sabem e... não querem pronunciar-se. Os fariseus, então, apelam para a maturidade do miraculado: querem induzi-lo a negar a evidência do fato. Dado que é um homem do povo, simples e ignorante, esperam que esteja plenamente de acordo com eles. Por isso, tentam intimidá-lo com três solenes declarações que se abrem com "nós sabemos...":

- v. 24: "*Nós sabemos* que este homem é um pecador".
- v. 29: "*Nós sabemos* que Deus falou a Moisés".
- v. 31: "*Sabemos que* Deus não ouve os pecadores".

Ao contrário, ele, em vez de sentir-se atemorizado e confuso, contrapõe com lucidez e coragem ao *nós sabemos* dos fariseus o seu "*só sei que* eu era cego e agora vejo" (v. 25). Ainda mais: ouvem-se de sua boca declarações cada vez mais precisas e mais verdadeiras sobre a identidade de seu benfeitor: inicialmente, é *um homem* (v. 33); depois, *um profeta* (v. 17) e *um enviado de Deus* (v. 33); finalmente, é *Filho de Deus* (v. 35) e *Kyrios Senhor* (vv. 36.38). Depois de ter conseguido a luz dos olhos, dispõe-se de boa mente a percorrer um caminho que o leva a receber a luz da fé. O caminho em que se colocou é um lento aproximar-se da luz. Porém esse itinerário não é, nunca, fácil para ninguém; é até um cansativo avançar entre dificuldades e obstáculos de todo gênero.

E assim acontece, concretamente, para ele: é expulso da sinagoga (v. 34) como um pecador perigoso e impenitente; é evitado indistintamente por todos, de tal forma que está realmente só! Ninguém da *multidão* tem mais coragem de aproximar-se dele (v. 9); os *pais* se recusam a tomar a sua defesa (vv. 20-21); *os judeus* o insultam (v. 28), desprezam-no e o tratam como ignorante e pecador (v. 34). No entanto, ele não tem medo de ninguém e não receia nada. Compreendeu (e o recorda também a nós) que a incompreensão, a rejeição, a marginalização e a perseguição são o preço a ser pago pelo inestimável dom da fé. Ele sobe cada vez mais alto para a luz até dizer a sua total adesão a Jesus: "Eu creio, Senhor! E ajoelhou-se diante de Jesus" (v. 37). Abre os olhos de sua alma para Cristo.

Os fariseus que presumem ver

No último versículo do trecho, estamos diante de um claro e severo juízo sobre os fariseus como chefes espirituais do povo. Eles acreditam que caminham na luz e que estão na verdade, e é justamente por isso que perguntam com ostentada presunção a Jesus: "Porventura também nós somos cegos?" (v. 40). Jesus respondeu-lhes: "Se fôsseis cegos não teríeis culpa; mas como dizeis: 'Nós vemos', o vosso pecado permanece" (v. 41). Jesus se refere a um "pecado" no singular! Qual pecado? Certamente, é aquele que é como a raiz de todos os outros: é a própria atitude de fechamento e de rejeição em relação a Jesus, e a sua incredulidade cega. Pensam que são os "iluminados" e, ao contrário, são prisioneiros da escuridão; fecham os olhos à luz e rejeitam o Cristo (vv. 40-41).

Assim, ao progressivo caminhar do miraculado para a luz, se opõe, em aberto contraste, o progressivo afundar dos fariseus nas trevas mais densas. De fato, eles assumem uma atitude inicial de *perplexidade* em relação a Jesus (v. 16), passam, depois, a declarar com descarada segurança que ele é, "certamente", *pecador* (v. 24), e, finalmente, chegam à declaração irreformável de que Jesus é um *antípoda de Moisés*, portanto destituído de toda credibilidade (v. 29). Mais: arriscam, ainda, uma última e perversa tentativa: pretendem obrigar o ex-cego a repetir o acontecido na esperança de apanhá-lo em contradição e assim negar o fato (vv. 26-27). Ficam agarrados ao seu juízo e presumem ver; no entanto, são "cegos guiando cegos" (Mt 15,14).

Fecham, propositadamente, os olhos à evidência do acontecido e pretendem induzir o ex-cego a unir-se ao seu juízo desfavorável sobre Jesus (vv. 24ss). Mas é uma tentativa inútil! Antes, ele põe em xeque a sua absurda pretensão, reconduzindo-os à evidência dos fatos e afirmando que Deus não pode aprovar a obra de um pecador (vv. 25-31). Por isso, se Jesus realiza milagres, é somente porque é uma pessoa agradável e amada por Deus. Jesus é a verdadeira luz (v. 5) que discrimina histórias e itinerários de vida; ilumina em pleno dia aquele que reconhece a própria cegueira e aspira a libertar-se das trevas, e cega aquele que presume ver ou não percebe, absolutamente, a necessidade da luz da palavra do Cristo (v. 39).

O crítico francês Paul Claudel, no seu drama *Le pére humilié* [O pai humilhado], coloca na boca de uma jovem hebréia cega uma pergunta dirigida aos cristãos: "Vocês que vêem, que fazem da luz?" É uma pergunta simples e inquietante. Nós que recebemos "a luz de Cristo", caminhamos, realmente, "como filhos da luz?" (Ef 5,8). É uma luz que ilumina de novidades todas as coisas: não tem nada aparente, vive na cotidianidade mais comum e tem em si a força de tornar tudo extraordinário.

16.

Zaqueu em cima de um sicômoro para ver Jesus (Lc 19,1-10)

Um ótimo posto de observação!

Jesus estava passando por Jericó, e era seguido e precedido por uma multidão entusiasta e festiva, porque pouco antes havia restituído a vista a um mendigo cego (Lc 18,35-43). É bem compreensível que também no publicano Zaqueu tenha se acendido uma curiosidade em relação a tal "profeta", por isso "ele procurava ver quem era Jesus" (v. 3). A ocasião é propícia e não quer perdê-la. Mas, infelizmente, existe para ele o difícil obstáculo da estatura: é baixo, muito baixo, e com o seu olhar não pode superar a barreira de ombros das pessoas que se apinham dos lados do caminho; por isso, é inútil elevar-se na ponta dos pés.

Felizmente, tem, de repente, uma idéia brilhante: para ver Jesus, desafia o ridículo daqueles que o conhecem e sem qualquer demora sobe num sicômoro, onde pode, certamente, encontrar um bom posto de observação. Acomodando-se num galho, espera, impacientemente, a passagem daquele que há tempo ele "procurava ver" (v. 3). Lá de cima, no meio da folhagem da árvore, pode ver sem ser visto..., pelo menos assim pensa ele. Não tem o mínimo pressentimento do que está para acontecer-lhe. Ele procura ver Jesus (v. 3), sobe na árvore para vê-lo (v. 4), mas, é visto por Jesus (v. 5). Repentinamente, começa a ficar perturbado: observa que Jesus pára no caminho justamente na altura daquela árvore e fixa nele os olhos como se quisesse falar-lhe. O seu coração treme com o presságio de uma daquelas calorosas e cortantes apóstrofes que já haviam reduzido ao silêncio escribas e fariseus, doutores da lei e interlocutores incautos. Mas o temor é logo dissipado, porque Jesus, em tom amigável e confidente, o chama pelo nome e o convida a descer, porque deseja estar com ele em sua casa (v. 7). O afortunado cobrador de impostos com um salto está em terra e "o recebeu com alegria" (v. 6). Acolhe-o sem medos nem suspeitas, sem máscara de circunstância, mas com alegria e em total liberdade de coração. Tem o pressentimento de que a vida está para sair da prisão da solidão e encaminhar-se por um caminho totalmente novo, inimaginável.

Um encontro que muda a vida

Deve ter sido chocante para os presentes ver Jesus afastar-se com Zaqueu, como se fosse o seu amigo mais querido, para ir à casa dele. O texto se limita a observar que "todos começaram a murmurar" (v. 7). O correspondente grego (*diegònghyson*) indica um lamento inicial ou um resmungo continuado feito à meia-voz, que depois cresce, progressivamente, de tom e envolve todos os presentes até tornar-se um grito de indignação e de rebelião contra Jesus, que, nessa circunstância, os provoca, abertamente, com uma escandalosa predileção por aquele cobrador de impostos odiado e indigno de confiança.

Mas que interessa a Jesus aquela confusão quando está cara a cara com uma alma aberta e disponível para o Reino? Aquelas violentas reclamações fora de lugar não o demovem, não modificam, absolutamente, o seu plano de salvação. Nos evangelhos, ecoa com suaves variações temáticas a comovente mensagem da misericórdia divina: "O Filho do Homem veio procurar e salvar o que estava perdido" (v. 10). "Não são as pessoas com saúde que precisam de médico, mas as doentes" (Mt 9,12). Aqui, um rico entra no grupo dos pobres e dos proletários. Justamente aqui se confirma que a graça de Deus tem o formidável poder de quebrar os laços mais fortes que prendem almas e corações e tem a virtude de recrutar para o Reino toda sorte de pessoas.

No encontro pessoal, Jesus não aponta o dedo para erros, maldades, mesquinharias, culpas, más ações e opções infelizes e desviantes, mas lança o olhar para além da barreira da maldade, para fazer emergir o desejo de bem que está sepultado em cada coração. Procura, descobre, acorda aquilo que no ser humano há de verdadeiro, de puro e de bom. Ressuscita a parte melhor, convencido de que também na história humana mais devastada pelo mal fica sempre algum ângulo sadio, intacto, reservado à inocência. Ele não vai à procura de um coração "limpo" para entrelaçar logo um relacionamento de amizade; procura, ao contrário, um coração disponível, que precisa ser limpo, renovado e, depois, o faz amigo.

Escreve Garofalo:

> Deus se aninha no coração dos pecadores e age em qualquer coisa que, mesmo em uma alma em ruína, pode ter ficado intacta: uma longínqua lembrança da infância, uma vontade secreta de bondade, um arrependimento ainda confuso. Deus encontra, sempre, o ponto no qual insistir para elevar uma alma até o céu com o poder do amor.

No entanto, permanece invariavelmente verdadeiro que o ser humano é livre para responder a ele que passa ou para fechar-se em um silêncio impenetrável; é livre para oferecer-se à sua amizade ou para negá-la, para ser sincero ou para pôr em cena o jogo duplo, mesmo não dizendo a ele e a si mesmo a verdade. Esse é, infelizmente, um jogo trágico, no qual fica impedida toda experiência de verdadeiro encontro com alguém, tanto com Cristo como com o próximo. Se, porém, o ser humano se abre ao encontro, como Zaqueu, então Cristo intervém nas raízes mais profundas do ser humano para substituir a lógica do mundo pela sua, que é a lógica evangélica: lógica de amor e de misericórdia.

17.

O centurião pagão, modelo de autoridade (Lc 7,1-10)

Identidade do protagonista

Este edificante quadrinho narrativo é lembrado também por Mateus (8,5-13), porém com diferenças notáveis entre eles, explicáveis, por outro lado, à luz dos vários problemas de vida cristã que estavam surgindo entre as primeiras comunidades e às quais urgia dar respostas imediatas... Para problemas novos, repostas novas e seguras, enquanto eram recebidas, diretamente, por aqueles que eram os guias inspirados das comunidades primitivas. Fica claro, portanto, que os três evangelistas, embora tenham tirado de uma "fonte" comum, reelaboram, todavia, cada um a seu modo, essa narração, tendo em vista as exigências comunitárias particulares.

O episódio evangélico chama a atenção sobre um centurião: um oficial do exército romano que comandava uma centúria, isto é, uma tropa de cem soldados. Era um cargo militar escolhido entre os melhores membros do exército para tarefas de confiança; devia ser uma pessoa de longa experiência militar, muito estimada, à qual eram confiados particulares e delicados encargos administrativos e judiciários. O evangelista Lucas lembra mais de uma vez essa figura na sua "obra" e a coloca, sempre, numa luz favorável. É o caso, por exemplo, do centurião do Calvário (Lc 23,47), do romano Cornélio, o primeiro militar que entra na comunidade de Pedro (At 10) e de um certo Júlio, que é muito humano e generoso com Paulo, que, prisioneiro, é levado para Roma (At 27,1.4.43).

Habitualmente, o centurião encerrava a sua vida na carreira, sem a perspectiva da baixa. Por isso, guiado pelo bom senso, empenhava-se em criar relacionamentos de boa vizinhança com as pessoas do lugar. E é justamente assim que se comporta o centurião do trecho evangélico. Está morando em Cafarnaum (cidade de limite na Galiléia), onde havia, também, um posto de alfândega. Mesmo sendo ele pagão, considera com tal respeito e simpatia as manifestações religiosas judaicas, que contribui de modo determinante para a construção de uma sinagoga na cidadezinha (v. 5). Além disso, os relacionamentos com os notáveis do país são tão cordiais que se serve dos seus bons ofícios para chegar a Jesus e implorar dele uma intervenção urgente (v. 3).

É, portanto, apresentado como um homem muito sensível e humano. Está muito preocupado com a saúde de um súdito seu: tem um "servo" (no texto grego, aparece o termo *doulos*, que talvez corresponda, aqui, a um "ajudante" militar) que está no fim da vida (v. 2); resta, ainda, somente a esperança de um milagre do Cristo, cuja fama se espalhou muito em toda a região (Lc 4,37-41). Envia-lhe alguns representantes da cidade, os quais lhe suplicam com insistência: "Ele merece este favor" (literalmente: é digno que ti... — v. 9). É uma declaração que foi colocada, intencionalmente, em confronto com a outra feita pelo mesmo centurião: "Não sou digno de que entres..." (v. 6).

Jesus vai logo com eles até a casa do centurião, o qual, porém, atento aos princípios religiosos da cultura hebraica, não quer expor o taumaturgo à contaminação legal, que todo hebreu contraía entrando em casa pagã, permanecendo, temporariamente, excluído da sua comunidade e, até, privado, também, da possibilidade de dirigir orações a Deus (cf. Jo 18,21). Por isso, envia-lhe pessoas para que o impeçam de entrar, considerando-se, entre outras coisas, muito indigno de acolhê-lo em sua casa.

Autoridade e obediência ao centurião

O centurião era considerado, comumente, militar de disciplina férrea e de indiscutível fidelidade às ordens da autoridade superior. É justamente isso que ele diz a Jesus: "Eu mesmo, na posição de subalterno, tenho soldados sob as minhas ordens, e se ordeno a um: 'Vai', ele vai; e a outro: 'Vem!', ele vem; e se digo a meu escravo: 'Faze isto!', ele faz" (v. 8). Ele coloca uma íntima ligação no binômio "autoridade-obediência". E quer dizer que é obedecido prontamente pelos seus militares, porque ele mesmo demonstra que é muito obediente em relação aos seus superiores.

Assim — pensa ele — acontece com Jesus em relação a Deus. Ele obedece a Deus prontamente e com profunda devoção, por isso, agora, pode mandar na doença do seu servo e esta imediatamente retrocede, abandona o doente. Deus faz como Jesus ordena. E Jesus não precisa de sortilégios, de filtros, ritos, esconjuros e longas invocações. Basta um seu simples sinal de voz e tudo acontece conforme a sua ordem. Um tal modo de crer e de raciocinar arrebata a admiração de Jesus, que declara: "Nem mesmo em Israel encontrei uma fé tão grande!" (v. 9).

O centurião faz depender toda a força da sua argumentação do fato de que ele mesmo está sempre pronto a obedecer ao seu superior. Por isso, para ser, por sua vez, obedecido, não considera o grau, o peso da carga ou eventuais benemerências adquiridas, mas sem o bom exemplo, ser militar obediente.

Do estilo de vida daquele que na própria pessoa sabe unir, intimamente, o binômio autoridade-obediência brota, conseqüentemente, a respeitabilidade. Não deve fazer absolutamente nada para sublinhá-la, porque se evidencia sozinha. Uma autoridade respeitável está em perene atitude de obediência, enquanto obedece também quando manda. Resumindo: faz todas as coisas com espírito de obediência.

No vivo desejo de cumprir a vontade de Deus, ele procura ser superior mais que fazer-se superior.

No primeiro caso ("ser superior"), a autoridade se empenha para exortar, motivar, explicar, interpelar etc.; no segundo caso ("fazer-se superior"), visa obter resultados disciplinares, não se importando com eventuais tensões, impulsos e conflitos. O verdadeiro superior, sobretudo no contexto comunitário religioso, não é como um chefe de empresa, mas é o mediador da vontade de Deus. Uma autoridade respeitável é uma regra viva e um silencioso e eloqüente discurso para todos. Não exige dos outros aquilo que não exige de si mesmo. "Empenha-se com autoridade" — observa são Gregório Magno — "quando antes faz e depois diz. Por isso é muito recomendável a santidade da vida que acredita, verdadeiramente, que fala muito mais que a altura do discurso".

O termo autoridade deriva do verbo latino *augere*, com sentido de "aumentar, acrescentar, fazer crescer, ajudar a desenvolver-se, a realizar-se". Acrescenta A. Severino:

A autoridade, por sua natureza e em força do seu primeiro significado literal, tem a missão de fazer crescer as pessoas, de ajudá-las a amadurecer e a conseguir a sua plena realização humana e sobrenatural, segundo os planos de Deus sobre elas.

A autoridade, portanto, está em função dos outros, está orientada para o bem, para o crescimento dos outros.

Disso resulta que "autoridade e obediência" não são duas realidades distintas e separadas, mas "são dois aspectos complementares da mesma participação na oferta do Cristo" (*Evang. Testificatio*, 25).

São duas dimensões essenciais do mesmo e único mistério de amor total a Deus e aos seres humanos vivido por Cristo. Cristo é a autoridade em pessoa, o único Senhor (Ef 4,5) e é também a encarnação máxima da obediência: ele é a obediência personificada. Ou melhor, ele chega ao *status* de Senhor em força de um processo de obediência até a morte (Fl 2,7-11). A autoridade e a obediência cristãs podem ser compreendidas somente partindo da pessoa de Cristo, isto é, da sua autoridade pessoal e da sua obediência pessoal (A. M. Severino).

A autoridade e a obediência encarnadas e manifestadas por Cristo têm dois componentes fundamentais: o amor e o serviço, e são ilustradas, admiravelmente, por dois ícones evangélicos: o do pastor e o do servo. O pastor ama tanto as suas ovelhas que divide tudo com elas: a noite e o dia, o sol e a chuva, o calor e o frio; conhece-as cada uma e é por elas conhecido, as conduz a pastagens verdejantes e está disposto a dar a vida por elas (Jo 10,1-16). O outro ícone que define a autoridade do Cristo é o do servo. É ele mesmo quem o torna evidente na sua pessoa: "Eu estou no meio de vós como aquele que serve" (Lc 22,27).

18.

Duas mulheres: uma lição de amor
(Mt 27,61; 28,1-10)

"Estavam ali sentadas, diante do sepulcro" (Mt 27,61)

O evangelista Mateus, com estilo telegráfico, nos informa sobre os últimos gestos de piedade que, com toda pressa, são manifestados para com o corpo sem vida de Jesus:

José de Arimatéia, tomando o corpo, envolveu-o num lençol limpo e o colocou num túmulo novo, que mandara escavar na rocha. Em seguida, rolou uma grande pedra na entrada do túmulo e retirou-se. Maria Madalena e a outra Maria estavam ali sentadas, diante do sepulcro (Mt 27,59-61).

Estando iminente o início do dia festivo (dia de repouso absoluto), devia-se proceder, com a máxima solicitude, ao piedoso tratamento do cadáver: José tinha envolvido o corpo de Jesus em um lençol e o tinha colocado, com cuidado, no seu sepulcro, onde devia permanecer por todo o dia festivo, à espera de começar o processo do extremo ato de amor por ele e dar-lhe uma ordenação definitiva e digna: limpar, novamente, o corpo dos coágulos de sangue, perfumá-lo, recompô-lo como ditava o coração.

O primeiro evangelista não deixa de destacar a diferente atitude de José de Arimatéia e das duas mulheres em relação à última cena do Calvário: ele *se retirou*, as duas mulheres *estavam ali*. "O forte contraste é reforçado pela estreita contigüidade dos dois verbos, um em seguida do outro, separados somente por um ponto: "[...] *retirou-se. Estavam ali...*" (G. Meandri). Do primeiro se sublinha o desprendimento, o partir, o ir embora, sem que se diga nada sobre os seus sentimentos de amor, de dor, de preocupação, de amargura causados pelos acontecimentos.

Das mulheres, ao contrário, isto é, de Maria Madalena e da outra Maria, se diz que *estavam ali sentadas, diante do* sepulcro. Lá, estão somente as duas. Ninguém mais. Lá, existe a absoluta ausência de qualquer outro. O Crucificado foi abandonado por todos, especialmente pelos discípulos. Ainda mais: os discípulos, depois da prisão do Mestre e do veredicto da sua condenação à morte, fugiram todos, apressaram-se em desaparecer. Haviam-no seguido, e de muito bom grado, quando entusiasmava as multidões, acalentando sonhos de glória e de poder. Mas agora, sabendo que ele está sem vida, vivem como prisioneiros de uma incômoda desilusão; por isso não pensam sequer em entregar ao futuro "aquele" cadáver.

Não acontecia a mesma coisa com as mulheres! Sobretudo para Maria Madalena, Jesus tinha sido o único, entre muitos homens encontrados, que a tinha compreendido e lhe havia dado, novamente, a esperança de começar do zero, de recomeçar tudo do começo. Sentira-se acolhida por ele, compreendida, amada, perdoada e recuperada como pessoa (Mc 16,9). Ela o havia procurado com confiança total, não para perder-se, como fizera muitas vezes com outros, mas para salvar-se. Ela o havia procurado não para oferecer aquilo que tinha concedido a outros, mas para impetrar a salvação da alma, da vida, de toda a vida. Assim, uma vez redimida e transformada pelo seu amor, havia-o seguido por toda parte, até Jerusalém e, depois, até o sepulcro.

Agora que ele repousa no sepulcro, ela não sabe separar-se dele, não sabe mais viver sem ele. Está ali diante daquela "pedra" que a separa do mundo da morte; aquela "pedra", agora, fecha o horizonte das "lembranças", conforme a evocação do vocábulo grego *mneméion*. Está ali atraída por um impulso natural de afeto; está como na espera de quem sabe qual acontecimento...

As primeiras testemunhas da ressurreição (Mt 28,1-10)

Logo que passou o sábado, as duas mulheres (a Madalena e a outra Maria) dirigem-se, novamente, ao sepulcro, não tanto para "visitar" (como traduz o texto da CEI – Chiesa Cattolica Italiana), quanto para *contemplar* (*theoréin*) (v. 1) o mistério daquela morte e para oferecer, ainda uma vez, o sinal concreto de uma imensa gratidão ao amigo do coração, àquele que, como nenhum outro, soubera dar e doar-se sem pedir nada em troca. Mas há uma surpresa justamente para elas! Vão ao sepulcro para honrar um morto e, ao contrário, dão de frente com um vivo: com o Cristo Ressuscitado.

E foi um anjo que fez chegar a extraordinária notícia. "Sua aparência era como um relâmpago, e suas vestes, brancas como a neve" (v. 3): são particulares que significam a pertença ao mundo divino. Além disso, o seu fazer "remover a pedra e sentar-se nela" (v. 2) simboliza o prenúncio da vitória de Deus sobre a morte. A breve narração se veste, também, de grande dramaticidade, que é expressa pela tríplice repetição do sintagma: *De repente... ide depressa... veio ao encontro...* (v. 1.7.9), como se quisesse dar a impressão de que tudo está acontecendo agora, sob os seus olhos.

O mensageiro celeste, em seguida, se apressa para tranqüilizar as mulheres: "Vós não precisais ter medo!" (v. 5). O vós na posição enfática sublinha a delicada atenção para com aquelas que, únicas e sozinhas, fizeram guarda de amor ao amigo morto. Mas, agora, "aquele" morto ressuscitou, por isso, afastada toda tristeza, deve-se dar lugar à alegria. Alegria que o anjo expressa com anúncios rápidos e enérgicos e com declarações curtas, breves, como se não conseguisse reter para si a grande mensagem e não visse a hora de participá-la:

Vós não precisais ter medo!
Sei que procurais Jesus, que foi crucificado.
Ele não está aqui!
Ressuscitou, como havia dito!
Vinde ver o lugar em que ele estava.
Ide depressa contar aos discípulos:
Ele ressuscitou dos mortos
e vai à vossa frente para a Galiléia.
Lá o vereis.
É o que tenho a vos dizer (vv. 5-7).

Depois do alegre anúncio, parece que a vida recomeça a fluir de novo, abundantemente, e imprime novo ritmo, *depressa*, para as coisas e as pessoas; parece que do Cristo ressuscitado parte um dinamismo incontrolável que permeia todas as coisas. E as duas mulheres, sobretudo elas, são envolvidas num movimento rápido:

"*Ide depressa...*",
e saindo *às pressas* do túmulo, *correram*;
Jesus *veio*-lhes ao encontro...;
"Não tenhais medo; *ide...*
Anunciar a meus irmãos que *vão...*" (vv. 7-10).

No primeiro encontro com Jesus Ressuscitado, o seu impulso irresistível é de lançar-se e abraçar os seus pés e adorá-lo (v. 9). Finalmente, encontraram e viram, novamente, o seu Senhor! Por primeiro, com preferência sobre todos os outros discípulos, contemplaram a glória do Ressuscitado. Por primeiro, foram constituídas embaixadoras que se apressam a levar a alegre mensagem aos discípulos. O verbo *apagghéllo* é de entonação solene: é o anúncio pascal! Por isso, com bom direito se pode afirmar que as duas mulheres se tornaram as *apóstolas* dos apóstolos.

Da mensagem bíblica emerge o ideal exemplar da mulher. Não a filha de Eva, fraca e mutável, dominada por fragilidades e por aspirações fúteis, mas a criatura digna da alta missão da maternidade e de ser "ajuda" e conforto para o homem (Gn 1,18). A piedade e a doçura, a fortaleza e a ternura, o poder de afeto e o espírito de sacrifício do coração feminino são ilustrados, esplendidamente, em numerosos ícones evangélicos.

19.

Cristo e Satanás

O diabo existe realmente?

No final da década de 1960, um teólogo católico alemão, Herbert Haag, publicou um livreto que despertou muita discussão pelo título emblemático: *A despedida do diabo* (*Abschied vom Teufel*). Partindo das ousadas fronteiras conquistadas pela técnica, ele concluía que agora, no timão da história, estava a razão com os seus surpreendentes recursos; por isso não poderia haver mais espaço para o demônio. Fechavam-se, assim, para o ser humano, os tempos escuros do medo do cosmo e das forças ocultas da natureza, e Satanás era relegado ao papel de mito ou a símbolo inócuo do mal, ou, ainda, a simples fantasia simbólico-literária. Por isso os muitos "possuídos", que ao longo dos evangelhos tinham implorado de Jesus a libertação, eram catalogados, pelo exímio professor de Tübingen, como simples doentes mentais, como pessoas com equilíbrio psicológico precário.

Também nos nossos dias não faltam seres humanos de cultura que, presunçosamente, liquidam o candente assunto como uma invenção para uso de pessoas com subdesenvolvimento, e não hesitam em relegar tal temível entidade pessoal a um mundo de crenças superadas e arcaicas.

Infelizmente, porém, a verdade é outra: o demônio é uma realidade terrível! É um ser pessoal, é um espírito real que transferiu para a terra a rebelião contra Deus declarada no céu (Ap 12,7-7). Esta é a verdade que foi reafirmada por Paulo VI, no dia seguinte ao Concílio, na audiência do dia 15 de novembro de 1972: "O demônio é um ser vivo, espiritual, pervertido e pervertedor. Realidade terrível! Misteriosa e pavorosa... é insidiador sofista do equilíbrio moral do ser humano"; vagueia pelo mundo "como um leão que ruge" (1Pd 5,8) para reduzir-nos à escravidão, sob seu poder.

A mensagem bíblica designa esse espírito tentador com três títulos. O primeiro é *diàbolos* ("diabo"), deriva do verbo grego *dià-bàllo*, com o significado de "lançar atravessado, colocar contra, contrastar, dividir, separar, fazer tropeçar e cair"; o segundo título é *satanás*, e vem do vocábulo hebraico *satàn*, que quer dizer "adversário, acusador, inimigo irredutível que procura opor-se e contrastar com todos os meios; aquele que espalha a cizânia com finalidade desagregadora".

Finalmente, há o termo *daimon*, ou, mais freqüentemente, *daimònion*, de significado etimológico incerto, talvez querendo dizer "aquele que atribui a cada um a própria sorte", ou, também, "aquele que sabe" tentar para levar o ser humano para as suas dependências. Esse invisível e terrível espírito do mal, o iníquo príncipe da rebelião, desfere o seu ataque contra todos, por isso ninguém pode iludir-se de estar livre da estratégia diabólica. Nem mesmo Jesus!

Antes, os evangelhos nos documentam que os notáveis de Israel, num caloroso duelo verbal, até o acusam de estar possuído: "Tu tens um demônio!" (Jo 7,20). Mas ele, prontamente, com apertado rigor dialético, rebate que "vós não escutais, porque não sois de Deus". Ao que eles replicam com uma pesada acusação: "Não temos razão em dizer que és um samaritano (isto é, "um herético") e que tens um demônio?" (Jo 8,47-48). E quando Jesus declara, solenemente, que, "se alguém guardar a minha palavra, nunca verá a morte", eles, ainda mais enfurecidos e sem argumentos, lhe lançam no rosto: "Agora, estamos certos de que tens um demônio" (Jo 8,51-52).

Cristo vitorioso sobre Satanás

Jesus esteve diante de toda espécie de desventurados: cegos, surdos, coxos, mudos, paralíticos, leprosos, pecadores, pobres, prostitutas, publicanos... e em favor de todos interveio com poder soberano. Encontrou-se, também, com uma categoria especial de atribulados: os possessos, os endemoninhados, os machucados no espírito e no físico pelo demônio. E também para esses tremeu e se comoveu não menos do que por aqueles que tinham o corpo devastado pela lepra. Uma procissão interminável de miseráveis ia até ele e ele estava disponível a todos: "Ao anoitecer" — assim observa o evangelista em uma espécie de "jornada típica" —, "depois do pôr-do-sol, levavam a Jesus todos os doentes e os que tinham demônios. Ele curou muitos que sofriam de diversas enfermidades; expulsou também muitos demônios, e não lhes permitia falar" (Mc 1,32-34).

Em cenas dramáticas e impressionantes, Jesus disputa com Satanás um tremendo duelo, que se conclui, infalivelmente, com o desafio do último; por isso se evidencia, claramente, o absoluto e indiscutível domínio de Cristo sobre o inimigo. E está excluída qualquer sombra de conluio ou conivência entre os dois. Freqüentemente, os endemoninhados estão silenciosos e calmos diante dele e esperam, confiantes, a suspirada libertação. Tal é, por exemplo, a atitude da "mulher que, havia dezoito anos, estava com um espírito que a tornava doente. Era encurvada e totalmente incapaz de olhar para cima" (Lc 13,10-11). Também o endemoninhado cego e mudo se comporta diante dele com uma atitude calma e de espera (Lc 11,14; Mt 12,22).

Outros, ao contrário, apenas chegados à sua presença, se enfurecem, lançam para o alto urros cheios de raiva e horripilantes, contorcem-se em convulsões, rangem os dentes e espumam pavorosamente. Diz são Cipriano ao herético Demétrio:

> Vem ouvir com os teus ouvidos os demônios; vem vê-los com os teus olhos nos momentos em que, cedendo aos nossos exorcismos, aos nossos flagelos espirituais e às torturas das

nossas palavras, abandonam os corpos dos quais tinham tomado posse (*Contra Demétrio*, cap. 15).

Aos espalhafatos hostis e ameaçadores dos invadidos, Cristo não se abate, não se desespera, mas permanece calmo e sereno e impõe a sua autoridade com ordens peremptórias: "Espírito impuro, sai deste homem!" (Mc 5,11). "Cala-te, sai dele!" (Lc 4,35). "Espírito mudo e surdo, eu te ordeno: sai do menino e nunca mais entres nele" (Mc 9,25). Assim, ele reduz à impotência o invisível e tremendo espírito do mal, que se aninha em pobres seres humanos para atormentá-los.

O encontro mais dramático e mais desconcertante entre os dois foi, sem dúvida, o que aconteceu no dia seguinte ao batismo de Jesus no Jordão, narrado por Mateus em 4,1-11. A cilada diabólica é armada para ele no fim de um longo jejum no deserto. Satanás aproveita-se da fraqueza da carne extenuada para sabotar a missão do Cristo e agrilhoá-lo ao seu "carro": tenta induzi-lo a não atender ao projeto do Pai para escolher outro mais de acordo com as medidas dos seres humanos, sem sofrimentos e cruzes...! Mas Jesus não quer comprometer-se com ninguém para permanecer fiel ao único senhorio, o do Pai celeste, cujo projeto para ele não é de domínio, mas de submissão humilde, de amor e de doação.

Estratégias de Satanás e nossas defesas

O encontro com o Maligno não acontece, nunca, de maneira leal, às claras, isto é, ele não se apresenta, nunca, de modo a ser reconhecido. Ao contrário, esconde-se, camufla-se, "se disfarça em anjo de luz" (2Cor 11,14) para ter êxito na emboscada. Um sábio provérbio inglês recorda que "os sapatos do diabo nunca rangem". As suas armas são a deslealdade, a mentira e o engano. Habitualmente, ele parte como de longe e começa a fazer uma obra lenta de erosão: insinua dúvidas sobre as verdades fundamentais da fé, eiva a confiança no amor e na misericórdia divina, oferece o fruto proibido como o mais apetecível, apresenta o mal como um bem sumamente atraente e com sugestões quase irresistíveis! E assim, lentamente, sem que nos apercebamos, nos torna seus escravos e nos faz inimigos de Deus. É incrível, mas é verdade: também o mal tem um fascínio especial! É preciso estar muito atento, porque a sua cilada é traiçoeira, é contínua e sempre perigosa. É justamente por isso que Jesus, com sábio cuidado, lança a todos a advertência à vigilância: "Quando um homem forte e bem armado guarda o próprio terreno, seus bens estão seguros. Mas quando chega um mais forte do que ele e o vence, arranca-lhe a armadura em que confiava e distribui os despojos" (Lc 11,21-22). O apóstolo Paulo recomenda aos cristãos de Éfeso que se defendam das "flechas incendiadas do Maligno" empunhando, de modo bem firme, o escudo da fé (Ef 6,16). E são Tiago recorda, com realismo cru, que é a nossa concupiscência que nos arrasta e seduz e é a inclinação fácil ao prazer que nos faz escorregar insensivelmente para o mal (Tg 1,14-15).

Por isso o recurso urgente é a oração para não sucumbir a humilhantes derrotas: "Vigiai e orai para não cairdes em tentação", recomenda Jesus (Mt 26,41). E na oração do pai-nosso nos sugere o inspirado pedido: "Livrai-nos do Maligno", que quer dizer: tirai-nos daquele que procura a nossa ruína como se tira a caça das presas de um animal feroz. Na realidade, os nossos dias de vida sobre a terra (poucos ou muitos) são vividos com Deus e com Satanás, e somos continuamente disputados entre os dois: *Deus*, que nos ama imensamente e quer a nossa salvação e a nossa felicidade; ou *Satanás*, que nos odeia mortalmente e quer a nossa ruína total e definitiva. A nós cabe o empenho de fazer as opções certas com toda liberdade.

Obviamente, continua válido para todos e para sempre a sábia advertência de não confiar nas próprias forças, de não contar somente com os próprios recursos e de não enfrentar, sozinho, o inimigo, porque se vai de encontro a uma derrota segura. Permanece, de fato, o grande perigo do insucesso pelo poder de sugestão e de engano de que goza o Maligno. É justamente por isso que o Concílio Vaticano II recorda que o ser humano, mesmo se vangloriando dos recentes e audazes empreendimentos, "quando se olha dentro do coração, descobre-se inclinado ao mal e imerso em muitas misérias (*in multiplicibus malis demersum*)" (*Gaudium et spes*, n. 13). A experiência, além disso, ensina que Satanás é combativo e perverso; quando é expulso de uma alma, fará todo o possível para retomar o seu domínio: "Então, ele vai e traz outros sete espíritos piores do que ele, que entram e se instalam aí. No fim, o estado dessa pessoa fica pior do que antes" (Lc 11,26).

20.

Este Jesus

O "rosto humano" de Cristo

Em toda estação da vida, oferece-se, pontualmente, a cada um, o "rosto humano do Cristo, sempre novo, com o seu fascínio inconfundível e a sua força misteriosa. Ele é encontrado pelos caminhos tortuosos da nossa experiência; revela-se como homem livre, autêntico e polido; lança as suas propostas exigentes e cheias de entusiasmo, e muitos resolvem segui-lo, também pela crise de modelos significativos em que se debate a nossa geração.

É um encontro importante, embora parcial, porque da humanidade de Cristo se deve elevar para descobrir a sua divindade. E o itinerário é o de sempre: dispor-se em atitude humilde de discípulos diante do Evangelho para escutar a Palavra; parar a corrida do cotidiano; desvincular-se das engrenagens da civilização tecnológica e dirigir a atenção para aquilo que Jesus, que chama cada um pelo nome, interpela e solicita.

Sim, este Jesus, como o designa o autor dos Atos, é o Homem-Deus, é uma presença extremamente importante na aventura humana de cada um. O demonstrativo este indica o ser na sua individualidade concreta pessoal: quer referir-se a "ele" e não a um outro, a "ele" e a tudo aquilo que ele é. "Deus constituiu Senhor e Cristo a este Jesus que vós crucificastes", anuncia Pedro aos israelitas, no dia de Pentecostes (At 2,36). "Deus ressuscitou este mesmo Jesus, e disso todos nós somos testemunhas", acrescenta, ainda, o príncipe dos apóstolos (At 2,32). "O Senhor Jesus, que te apareceu quando vinhas pela estrada, mandou-me aqui", diz Ananias a Paulo (At 9,17).

Pois bem, este Jesus nunca deixará indiferente nenhuma geração e nenhuma manifestação de vida. Ele será a insônia do mundo; interessar-se-á pelos destinos de cada ser humano. Ele é o senhor da vida, que ressurge da morte e é coroado de glória. Ele é, também, aquele que funde, plenamente, a sua experiência com a nossa para ser em tudo semelhante a nós. A sua aventura terrena se realiza sob o signo de sucessos e insucessos, de vitórias e derrotas, de luzes e sombras. Ele caminha, assim, para a sua hora, que será de morte, mas dentro da morte será vitória definitiva.

"Eis o homem!"

É a declaração pronunciada pelo procurador romano Pôncio Pilatos, na frustrada tentativa de subtrair Jesus ao furor do sinédrio e à condenação à morte (cf. Jo 19,4). Pilatos, embora convencido da inocência do imputado, havia-o submetido ao cruel suplício da flagelação, na esperança de mover pela compaixão aquele resto de humanidade que ainda há no coração dos acusadores e também para tranqüilizá-los de que um homem tão reduzido e desfigurado não é perigoso para ninguém; não tem a mínima pretensão de arrebatar o reino das mãos de ninguém; já está reduzido a uma sombra de homem: apenas consegue ficar em pé; está inerme, ao alcance da agressão de qualquer um. E ele não faz nada; e permite aos outros que lhe façam tudo: tratam-no como um objeto, como uma coisa de nada, como um ser desprezível.

É revestido com um manto de púrpura; é coroado de espinhos e tem um caniço na mão como cetro; o rosto está coberto de escarros e de sangue. O pintor e gravador Georges Rouault se apoiou em inumeráveis tentativas procurando reunir em um só rosto os traços de duas expressões tão distantes entre si: a do palhaço zombado e a do supliciado. E conseguiu oferecer-nos o "seu" Cristo vilipendiado e ultrajado, que, embora na abjeção extrema, deixa transparecer um não sei quê de digno e solene. Ele é o homem que assume a expressão emblemática de todo o mistério e a majestade de toda dor humana. Eis o homem! Com o primeiro termo — *eis* —, quer-se chamar a atenção mais para o espetáculo do que para a pessoa. Cristo é oferecido como espetáculo de humilhações e de aniquilamento. Naquele momento, estão em primeiro plano o seu indizível sofrimento e o seu agudo escárnio. Assume uma conotação negativa e quer significar "um pobre homem", um homem de nada, que não merece sequer o nome de homem, tanto parece aviltado e impotente.

É um homem que ninguém pode temer, alguém com o qual não vale a pena irritar-se, porque está, absolutamente, sem defesa, reduzido à condição mais deplorável. É o tipo sem valor, alguém que perdeu tudo da dignidade humana (J. Galot. *Cristo verità dell'uomo*. p. 57).

De resto, o seu ser fraco e inerme já tinha sido indicado no seu primeiro aparecimento entre nós, no mistério da encarnação. O evangelista João escreve que "a Palavra se fez carne" (1,14). Mas por que carne e não mais claramente homem (*ànthropos*)? Carne (*sarx*) está significando que Jesus assumiu a natureza humana, por isso se tornou homem verdadeiro, visível, palpável, concreto, mas, sobretudo, está indicando aquela esfera de fragilidade e de fraqueza dentro da qual se desenvolvem os dias terrenos de Jesus e aquele de todo ser humano.

O sentido bíblico da expressão "existência segundo a carne" sublinha a corruptibilidade, a fraqueza e a distância entre o ser humano e Deus, que em Jesus é superada. E é precisamente nessa luz que são lidas, por exemplo, as seguintes expressões: "O que nasceu da carne é carne; o que nasceu do Espírito é espírito" (Jo 3,6). "O Espírito é que dá a vida. A carne para nada serve" (Jo 6,63). "Os que vivem segundo a carne não podem agradar a Deus" (Rm 8,8).

Também no Antigo Testamento, "a carne" é entendida como realidade fraca e caduca, e é antípoda da Palavra de Deus, que, ao contrário, é uma força irresistível: "Tudo o que é carne não passa de um ramo verde!..., a erva seca, murcha a flor..., mas a palavra do nosso Deus fica de pé para sempre" (Is 40,6-8). Pois bem, Jesus assumiu essa carne! A sua vida segue, em tudo, as leis que presidem ao desenvolvimento de todo ser humano. Nasce e se oferece a nós como um ser inerme, cresce e brinca como qualquer outra criança; fala, come, trabalha, cansa-se, sofre e morre. Tudo nele mostra os caracteres de humanidade humilde. Tudo nele é tão simples e normal que, quando começou a declarar-se em público, despertou surpresa e desapontamento entre os seus concidadãos: "Que sabedoria é esta que lhe foi dada? Não é ele o carpinteiro, o filho de Maria, irmão de Tiago...?" (Mc 6,2-3).

É a confirmação, clara, de que Jesus não havia feito nada de excepcional para induzir os seus concidadãos a entrever nele uma personalidade fora do ordinário. Ele era, aos olhos do povo, como qualquer um deles.

No grandioso quadro da Paixão, Marcos sublinha a trágica solidão de Cristo e põe o ritmo da narração no termo de todos, repetido por bem sete vezes. Quer referir-se tanto aos discípulos que o abandonaram como àqueles que lhe são hostis. Os discípulos protestam amor e fidelidade a ele no cenáculo, mas depois, com a chegada da prova, fogem:

- 14,29: "Mesmo que *todos* venham a cair, eu não".
- v. 31: "E *todos* diziam a mesma coisa".
- v. 50: "*Todos* os discípulos fugiram".
- v. 53: "Reuniram-*se todos* os sumos sacerdotes".
- v. 55: "Os sumos sacerdotes e o sinédrio *inteiro* procuravam um testemunho contra Jesus".
- v. 64: "*Todos* o sentenciaram".
- 15,1: "E o sinédrio *inteiro* [...] o entregaram a Pilatos".

Tremenda solidão de Cristo! Os aplausos das multidões se apagaram; os notáveis já formalizaram a sentença de morte; os discípulos se apressaram em pôr-se a salvo, desaparecendo. De modo que ele está, verdadeiramente, só na sua "carne fraca" (Mc 14,38), diante da dilacerante Paixão e da morte trágica. E esta é a história do amor, da impotência do amor, da humildade visível, longe das consolações fáceis e das respostas prontas aos "porquês" das friezas e das traições. No entanto, Jesus não é somente e, sobretudo, o fraco. Agora é totalmente outro.

É mais que "homem"

Nele está presente uma dimensão misteriosa que foge das categorias humanas normais. O seu ser homem não se esgota nos paradigmas comuns. E é justamente o termo "homem" que nos sugere essa dimensão superior. Lendo o Evangelho, de fato, descobrimos que, no momento em que Jesus é designado homem, justamente naquele momento, nos apercebemos de que alguma realidade dele está fugindo de nós. O evangelista João sublinha, repetidamente, essa palavra para deixar entender que ele é, sim, homem, mas não somente homem:

- 4,29: "Vinde ver *um homem* que me disse tudo o que eu fiz".
- 5,12: "Quem é *o homem* que te disse: Pega a tua maca e anda?"
- 7,46: "Ninguém jamais falou como *este homem*".
- 8,40: "Agora procurais matar-me, porque (*um homem*) vos falou a verdade".
- 9,16: "Alguns dos fariseus disseram, então: *Este homem* não vem de Deus".
- 10,33: "Não queremos te apedrejar por causa de uma obra boa, mas por causa da blasfêmia. Tu, sendo apenas *um homem*, pretendes ser Deus".
- 11,47: "*Este homem* faz muito sinais".

Não é ser humano somente aquele que é, claramente, homem! Nele, há alguma coisa que supera o homem. No entanto, ele não quer ser um super-homem, como se tivesse um suplemento de humanidade; isso, além de tudo, já não o tornaria mais autenticamente ser humano como um de nós. Ele, ao contrário, é alguém que, em tudo aquilo que diz e faz como homem, transcende os limites de toda outra humanidade. É assim tão extraordinário que parece não só excepcional, mas único. É o representante de Deus, está no lugar de Deus; é Deus feito carne!

Desde o dia de sua entrada visível na nossa história, todo itinerário religioso tem duas etapas obrigatórias: uma outra realidade transcendente; do Cristo como homem se passa a encontrar o Cristo como Deus. O grande Agostinho já o havia declarado: "Per hominen Christum, tendis ad Deum Christum". E é o "Cristo total"!

A vida do ser humano não é senão uma peregrinação ao longo de duas coordenadas ao longo de toda a existência. Mas Cristo admite às conquistas cada vez mais profundas somente quem tem o coração enamorado e quem está disposto a caminhar para a luz do mistério, reconhecendo-se cego.

CADASTRE-SE
www.paulinas.org.br
para receber informações sobre nossas
novidades na sua área de interesse:
• Adolescentes e Jovens • Bíblia
• Biografias • Catequese
• Ciências da religião • Comunicação
• Espiritualidade • Educação • Ética
• Família • História da Igreja e Liturgia
• Mariologia • Mensagens • Psicologia
• Recursos Pedagógicos • Sociologia e Teologia.

Telemarketing 0800 7010081

Impresso na gráfica da
Pia Sociedade Filhas de São Paulo
Via Raposo Tavares, km 19,145
05577-300 – São Paulo, SP – Brasil – 2007